"完成形" ワンボウル&おかず フリージング離乳食

中村陽子

赤ちゃんとママ社

はじめに

　長女の離乳食スタートは、私の料理研究家としての大きなターニングポイントでもありました。離乳食での試行錯誤は、私の仕事にも生きるものばかり。アイデアを形にしたくて、時間がいくらあってもたりない！　とあせる新米ワーキングママだったのです。そんななかで、1日3回の離乳食を作るのは本当に大変でした。今も鮮明に思い出すのは、長女が1歳前後のころのこと。保育園から帰ってくるや、おなかがすいて待ちきれず、泣き叫ぶ娘。その泣き声に、私のほうが泣きたくなってしまったことが何度も何度もありました。

　そんなときに考えたのが、この"完成形"フリージング離乳食です。

　離乳食のフリージングといえば、おかゆや野菜などを下ごしらえして、それぞれ別々に冷凍するものが一般的。食べさせるときに、それらを組み合わせたり、冷凍していない食材をたしたりして調理します。それに対して、"完成形"フリージング離乳食は、「今すぐ食べられる」状態にまで作ってから冷凍するのが特徴です。4食分くらいをまとめて作り、保存容器に分けて入れ、冷凍庫へ。こうし

子どもたちのおいしい笑顔が
私にとっての
何よりのごほうび

5ヵ月ごろ

長男　ワンボウル離乳食スタート

おいしい？

6ヵ月ごろから2回食へステップアップ。

くいしんぼうの長女は、
弟がおいしそうに食べる顔を
見るのが大好き。

ておけば、赤ちゃんに与えるときには、電子レンジでチン！ するだけですぐに出せます。

2人目の育児でバタバタの長男のときには、ますます"完成形"フリージング離乳食が心強い味方に。わが家の冷凍庫の必需品になりました。

この本では、炭水化物、ビタミン・ミネラル、タンパク質をすべてバランスよく組み合わせて作った"完成形"ワンボウル離乳食、ビタミン・ミネラルとタンパク質で作る主菜メニューの"完成形"おかず離乳食、さらに、おやつのフリージングもご紹介します。

忙しいときでも、赤ちゃんの月齢に合った安全でおいしい離乳食を、「パッ」と出してあげたい。

私の子育て中の悩みから生まれた、この"完成形"フリージング離乳食が、ママの離乳食作りの助けとなることを願っています。

中村陽子

2回食のリズムができてきて、毎食きれいに完食するように。

7ヵ月ごろ

食への好奇心がどんどんふくらんで。

9ヵ月ごろ

手づかみ食べスタート

9ヵ月を過ぎたころから、自分で食べ物に手をのばすように。

離乳食の時期にママも赤ちゃんも笑顔いっぱいでいられますように！

Contents

はじめに 2
フリージング活用で離乳食ライフを 7
フリージング離乳食のお約束　冷凍編 10
フリージング離乳食のお約束　解凍編 12

5～6ヵ月ごろ

はじめの1回食　10倍がゆ／かぼちゃペースト／白身魚ペースト 14
2回食になったら　フリージングで6日間使いきりメニュー[STEP1] 15
2回食になったら　フリージングで6日間使いきりメニュー[STEP2] 18

Part 1　完成形 ワンボウルフリージング離乳食

完成形 ワンボウルフリージング離乳食のいいところ 22

7～8ヵ月ごろ

ツナと小松菜とにんじんのおじや／白身魚といちごとキャベツのパンがゆ 24
しらすとチンゲンサイのあんかけそうめん／
さつまいもとアスパラと鶏肉のコーンフレークがゆ 26
高野豆腐とえのきのトマト煮ご飯／かぶと鶏肉とブロッコリーのうどん 27
さけとキャベツとパプリカのリゾット風／
納豆とオクラのねばねばトマト丼 28
ポテトとほうれんそうとサーモンのクリームうどん／
かぼちゃとにんじんとグリーンピースのパンがゆ 29

9～11ヵ月ごろ

かぼちゃとひじきと鶏肉のあんかけうどん／カラフル3色丼 30
にんじんとツナのドリア風／きのことほうれんそうのミートソーススパゲッティ .. 32
ほたてといろいろ野菜のクリームコーン煮ご飯／
トマトとにらと納豆のそうめんチャンプルー 33
白菜と豚肉の焼きそば／卵チャーハン 34
まぐろと彩り野菜のあんかけ焼きそば／いわしとセロリのトマトソースマカロニ .. 35
オクラともやしとさけのねばねば丼／高野豆腐と根菜の混ぜご飯 36
さつまいもと小松菜と鶏肉のクリーム煮ご飯／なすと牛肉の焼きうどん 37

12〜18カ月ごろ

グリーンピースとパプリカとえびのうどん／ごぼうとさばのトマト煮ご飯 ················ 38
ツナとしめじとズッキーニのパスタ／納豆チャーハン ·· 40
じゃがいもの肉あんかけ／里いもとにんじんと高野豆腐のうどん ···································· 41
赤ちゃんナポリタン／白菜とたらとわかめのかき玉うどん ·· 42
鶏肉とブロッコリーのかぼちゃクリームマカロニ／なすとえのきと白身魚の焼きそば ··· 43
鶏肉と野菜ときのこの炊きこみご飯／チンゲンサイとさけのクリームかけご飯 ············ 44
あさりと白菜のトマトリゾット／チキンパングラタン ·· 45

Column 離乳食に便利なおすすめ食材 ·· 46

Part 2 完成形 おかずフリージング離乳食

完成形 おかずフリージング離乳食のいいところ ·· 48

7〜8カ月ごろ

なすとトマトとささみのマリネ／さつまいもとしらすのオレンジ煮 ································ 50
春雨ツナサラダ／まぐろとオクラのとろみ煮 ·· 52
さけのみぞれ煮／納豆と玉ねぎとおぼろ昆布のあえもの ·· 53
麩とトマトとブロッコリーのうま煮／パプリカと鶏肉のシチュー ···································· 54
里いもとツナののりサラダ／れんこんと鶏肉とわかめのとろみ汁／りんごとしめじとさけのサラダ ··· 55

9〜11カ月ごろ

かぶと牛肉のすき煮風／さけと山いもお焼き ·· 56
にんじんとりんごの豚肉巻き／あじのラタトゥイユ風 ·· 58
まめまめポテトサラダ／さつまいもと納豆のお焼き ·· 59
かつおのわかめバーグ／鶏肉とにんじんの桃あえ ·· 60
かぼちゃの鶏ひき肉ほうれんそうあんかけ／麩の青のりチーズピカタ／豚肉しいたけボール ··· 61

12〜18カ月ごろ

バナナの牛肉巻き／カリフラワーのクリームコーングラタン ·· 62
赤ちゃん肉じゃが／ブロッコリーのトマト煮こみバーグ ·· 64
あじのつみれ汁／たらのひと口コロッケ風 ·· 65
ピーマンの肉詰め／ベビーぶり大根 ·· 66
れんこん肉だんごとにんじんの煮もの／つるりんワンタン／かじきまぐろの青のり風味揚げ ··· 67

Column 離乳食を卒業したら、幼児食へ ·· 68

Part 3 完成形 おやつフリージング離乳食

完成形 おやつフリージング離乳食のいいところ 70

9〜11ヵ月ごろ

キャロット蒸しパン／じゃがいものチヂミ 72

小松菜チーズトースト／そうめんお好み焼き 73

麸のオレンジソテー／きな粉ロールサンド 74

れんこんのいそべ焼き／ひじきとクリームコーンのお焼き 75

12〜18ヵ月ごろ

バナナヨーグルトパンケーキ／さつまいもとりんごのひと口スイートポテト 76

桃とキウイのチーズ焼き／豆乳フレンチトースト 77

甘辛ポテトもち／えびチーズマカロニ 78

さけのりおにぎり／かぼちゃとレーズンのラビオリ風 79

この本の表示について

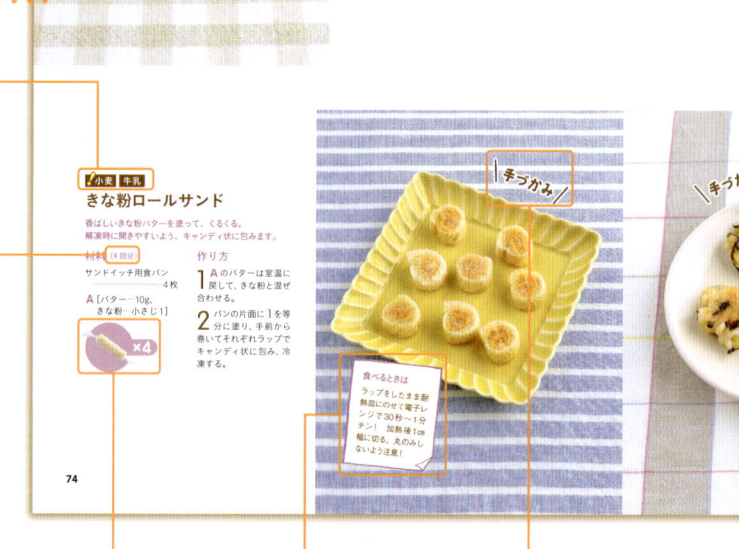

アレルギーの原因となる「7品目(P9)」を使用したレシピに関しては、レシピごとにマークをつけて表示しています。ただし、加工食品や調味料のなかには、マークで表示している以外の「7品目」が含まれている場合もあります。必ず製品の表示を確認してから使用してください。

24ページからの離乳食の材料は1回に作る4食分の目安量です。ただし、食べさせる分量は赤ちゃんの食欲や体調に合わせて加減してください。

●小さじ1は5ml、大さじ1は15ml、1カップは200mlです。

●材料の分量は、皮やタネを除いた可食部の重さを表しています。

●オーブントースターは機種により加熱時間が異なることがあります。ようすを見ながら加熱し、表面がこげそうなときはアルミホイルをかぶせてください。

●だしは手作りの昆布だし、かつお昆布だしを。市販のだしを使用する際は、少し薄めてください。バターは有塩バターを使用しています。

1食分の冷凍状態の写真です。一度に4食分作ります。

電子レンジの加熱時間は600Wが目安です。500Wの場合は、1.2倍を目安に、ようすを見ながら加減しましょう。食べさせるときのアドバイスも参考にしてください。

手づかみ食べにおすすめのレシピです。

※離乳食の進め方と目安量は、厚生労働省より2007年3月に発表された「授乳・離乳の支援ガイド」をもとにしました。あくまでも目安ですので、赤ちゃんの成長に合わせて対応してください。

フリージング活用で ラクラク
おいしい♥ 豊かな♥ 離乳食ライフを

離乳食が冷凍庫にストックしてあれば、ママの心に余裕ができて、
いつでも、栄養たっぷりの離乳食の用意が簡単にできます。
フリージングを活用して、離乳食を楽しく、充実した時間にしていきましょう。

離乳食の役割って？
「母乳・ミルク」から「食事」への橋渡し役が離乳食です

　離乳食の時期とは、母乳・ミルクの栄養だけで大きくなってきた赤ちゃんが、形のある食べ物から栄養をとれるようになるための練習期間。食べ物を飲みこむ力、かむ力、消化吸収する力が育ち、自分で食べることを学んでいく大切な時期です。それだけではなく離乳食には、信頼するパパやママと食卓を囲んで食事をする楽しさや、食べたいという意欲を育てる役割もあります。

負担なく続けるコツは？
フリージングを活用すれば忙しい日も栄養満点離乳食！

　少量の離乳食を、やわらかく食べやすく調理し、栄養バランスも整えるのは、意外と大変！　まとめて作って冷凍しておけば、食べさせたいときにサッと温めるだけで準備も簡単です。朝は冷凍しておいた離乳食、夜は大人のごはんと共通の食材から取り分けて作る、などと使い分ければ、バラエティー豊かな食卓になります。まとめ作りでママの「次は何を作ろう？」というお悩みも軽くなります。

赤ちゃんの成長に必要な 3つの栄養グループ

離乳食にとり入れたい3つの栄養素。母乳やミルクで栄養バランスを保っている時期と、離乳食中心の時期と、時期に合わせて栄養素を組み合わせましょう。

Ⓐ 炭水化物

エネルギーのもとになる食材
ご飯やパン、麺類、いも類などは、炭水化物や糖質を多く含みます。筋肉や内臓、脳を動かす力になる大切な栄養素です。

Ⓑ ビタミン・ミネラル

体の調子を整える食材
野菜やくだもの、きのこ、海藻類などには、ビタミン・ミネラルが豊富です。皮膚や粘膜を守り、体の調子を整える栄養素です。

Ⓒ タンパク質

体をつくるもとになる食材
大豆製品や肉、魚、卵には、タンパク質が多く含まれています。血や筋肉、臓器など、体をつくるのに重要な栄養素です。

この本では…

Ⓐ＋Ⓑ＋Ⓒ 3つの栄養グループを満たす　▶▶　**Part 1 ワンボウル離乳食　P21〜**

Ⓑ＋Ⓒ 2つの栄養グループを満たす　▶▶　**Part 2 おかず離乳食　P47〜**

9ヵ月以降の赤ちゃんに不足しがちな栄養を満たす　▶▶　**Part 3 おやつ離乳食　P69〜**

この本で紹介するレシピは、上記の栄養を満たしつつ、解凍・加熱したらそのまま食べられるように調理した「完成形」のレシピです。

離乳食の進め方のポイントは？

赤ちゃんの体に負担をかけないよう、離乳食には大切な約束があります。発達に合った離乳食をステップを踏んで、進めていきましょう。

月齢は目安　その子のペースを大切に

離乳食は「5～6ヵ月ごろ」、「7～8ヵ月ごろ」、「9～11ヵ月ごろ」、「12～18ヵ月ごろ」の4段階に分けられますが、これはあくまで目安。進み方は個人差が大きいものです。赤ちゃんの食べる量やうんちのようすなどをチェックしながら進めましょう。

タンパク質食材は特に「量と順番」を守って

タンパク質は、体をつくる大切な栄養素ですが、とりすぎると赤ちゃんの未熟な内臓では分解しきれず、炭水化物やビタミン・ミネラルに比べて体への負担が大きく、アレルギー反応を引き起こすことがあります。豆腐や白身魚（鯛など）から慣らし、少しずつ種類をふやしていきましょう。

「うす味」と「脂肪控えめ」を心がけましょう

赤ちゃんは腎臓の機能も未熟で、余分な塩分を上手に体外に排出できません。素材の味やだしのうまみを生かして、「うす味」に仕上げましょう。また、肉や魚の脂肪分は赤ちゃんの消化器官に負担がかかるので、脂肪の少ない部位を選びましょう。

かたさ・大きさの目安は？

離乳食スタートのころは、すりつぶしや裏ごしでなめらかに。ようすを見ながら、大きさやかたさを変化させていきます。

	5～6ヵ月ごろ	7～8ヵ月ごろ	9～11ヵ月ごろ	12～18ヵ月ごろ
おかゆなら…	10倍がゆをすりつぶします。最初はサラリとした感じ、慣れてきたら水分を減らして、ぽってりとしたマヨネーズ状に。	前半は7倍がゆ、慣れてきたら5倍がゆに。1回に食べる量は、子ども茶碗半分～軽く1杯（50～80g）が目安。	前半は5倍がゆ、慣れてきたら軟飯に。1回に食べる量は、子ども茶碗軽く1杯（5倍がゆは90g、軟飯は80g）が目安。	前半は軟飯、慣れてきたらやわらかめのご飯に。軟飯なら子ども茶碗1杯（90g）、ご飯なら子ども茶碗八分目（80g）が目安。
にんじんなら…	皮をむいてやわらかくゆで、なめらかにすりつぶします。食べやすいように、湯やだし汁でのばしてかたさを調節しましょう。	やわらかくゆでて、粗みじん切りにします。力を入れなくても簡単につぶせる、絹ごし豆腐くらいのかたさが目安。	やわらかくゆでて、4～5mmの角切りに。完熟バナナくらいのかたさが、この時期の赤ちゃんが歯ぐきでつぶして食べるのに最適。	やわらかくゆでて、7mm～1cmの角切りにします。スプーンで楽に切れる、肉だんごくらいのかたさが目安です。

初めての食材デビューのときは

ステップアップするごとに、食べられる食材もふえていきます。
初めて口にする食べ物は、必ず「ひとさじ」からようすを見てください。

ルール1 まずはひとさじから

赤ちゃんの内臓は未熟なため、まれに食品に含まれるタンパク質にアレルギー反応を起こしてしまうことがあります。初めての食材はたくさん食べさせず、まずはひとさじにとどめて。

ルール2 しっかり加熱すること

初めての食材に限らず、抵抗力が弱い赤ちゃんに与える食材はしっかりと加熱することが大原則です。また、卵やくだもの、野菜は、加熱することで分子が変化し、アレルギーを起こしにくくなります。

ルール3 午前中に与えましょう

万が一、アレルギー反応が出てもすぐに病院を受診できるよう、新しい食材を試すときには、午前中の食事にしましょう。午後の離乳食は、食べ慣れた安心なものを与えるようにしてください。

重要なポイント アレルギーに関して、自己判断はNG！心配なときは専門医を受診して

アレルギー反応を引き起こす原因は、食物に含まれるタンパク質です。消化機能が未熟な乳幼児期は、タンパク質をうまく分解できません。そのため、分子が大きいタンパク質を、体が「危険！」と感知して追い出そうとすることがあるのです。

アレルギー反応が出るかどうかは、食べてみないとわかりません。タンパク質食材も離乳食の進め方にそって試し、心配な症状が出たときには、医師の診断を受けましょう。

アレルギーを心配するあまり、自己判断で離乳食のスタートを遅らせたり、卵や乳製品などを食べさせないのは、赤ちゃんの成長にとって好ましいことではありません。心配があれば、医師に相談してください。

乳幼児期のアレルギーは、成長とともに改善する場合が多いものです。診断されても落ちこまず、医師の指導に従い、気長につきあっていきましょう。

アレルギーに特に気をつけたい7品目

本書では、「7品目」を使用したレシピに関しては、レシピごとにマークをつけて表示しています。ただし、加工食品や調味料のなかには、マークで表示している以外の「7品目」が含まれている場合もあります。必ず製品の表示を確認してから使用してください。

卵
卵白のタンパク質成分がアレルギーの原因になることが。初めて食べさせるときは、必ずかたゆで卵の黄身からにします。

乳・乳製品
牛乳のほか、ヨーグルト、チーズ、バターなど。赤ちゃんのアレルゲンで、卵に次いで多い食材。

小麦
パンやうどんなどに幅広く使われています。麩にも小麦が使われているので、要注意です。

落花生
激しいアレルギー症状を引き起こすことがあります。誤飲すると肺炎を起こす可能性もあるので、離乳食期は与えません。

そば
ごく少量でも激しいアレルギー反応を引き起こす場合があるため、離乳食期は与えません。

えび
呼吸器症状を含めた、激しいアレルギー症状が出ることも。1歳を過ぎるまでは与えず、少量からようすを見て。

かに
重症だと、激しいアレルギー症状が出ることが。食べさせるのは1歳以降にし、新鮮なものをしっかり加熱してから与えて。

左の7品目は、食品のパッケージへの表示が義務づけられている「特定原材料7品目」です。そのほかに、アレルギーを起こす可能性が高い食品として下記の20品目が指定されています。

特定原材料に準ずる20品目

あわび、いか、イクラ、さけ、さば、牛肉、豚肉、鶏肉、大豆、くるみ、カシューナッツ、ごま、オレンジ、キウイ、バナナ、桃、りんご、まつたけ、山いも、ゼラチン

（本書のレシピでは、落花生・そば・かには使用していません）

フリージング離乳食のお約束
冷凍編

大人よりも抵抗力が弱い赤ちゃんに、安心して食べさせてあげられるように、離乳食の冷凍にはいくつか注意ポイントがあります。安全な食を守る5つのポイントを確認しましょう。

1 新鮮な食材を使う

おいしくて、安全な離乳食を作るためには、まずは食材選びが重要です。肉や魚類、野菜もできれば買ったその日のうちに調理しましょう。新鮮なうちに調理して冷凍すれば、細菌の繁殖などの心配も少なく、おいしさと栄養価をキープでき、一石二鳥です。

2 調理後はきちんと冷ます

作りたての離乳食を、そのまま冷凍庫に直行させるのはNG。湯気が凍ると霜がついてしまい、おいしさがダウンします。また、あつあつを冷凍庫に入れると、庫内の温度が上がってほかの食材がいたむ原因にもなるので、きちんと冷ましてから入れましょう。バットに平らに並べておくと、短時間であら熱をとることができます。

ご飯やパスタは、バットに入れてラップでふたをしてから冷まします。ラップを食材に密着させることで水滴でベチャベチャにならず、乾燥も防げます。

フリージングお役立ちグッズカタログ

フリージング離乳食を進めるうえで必要なグッズをご紹介します。毎日使うものなので、重ねて収納しやすいことなども意外に重要な要素です。カラフルで使う楽しさがあるものもおすすめです。

フリーザーバッグ

5〜6ヵ月ごろの素材別のペーストを冷凍したり、ラップで包んだ手づかみ食べメニューの保存にも活躍します。

シリコンカップ

お弁当のおかず用のシリコンカップは、おかずメニューの冷凍に大活躍。耐冷性・耐熱性にすぐれており、安価で収納しやすいのも魅力です。

密閉容器

密閉性の高い容器は、おいしさをキープして冷凍できる優秀アイテム。ふたも電子レンジOKなものが使いやすいです。

小分けの密閉容器

小分けの密閉容器（120〜300mlくらい）は、本書Part 1のワンボウルの冷凍にぴったり。同じサイズのものをそろえれば、冷凍庫の中で重ねられ、整理ができて便利。

ラップ

液体以外ならなんでも小分けにして包めるラップは、離乳食の保存にも、解凍にも活躍する必需品。小さめサイズが便利です。

3 1回分ずつしっかり密閉して保存

この本では、4食分をまとめて作ります。シリコンカップや密閉容器、ラップなどを活用して、冷凍するときは、1食分ずつに小分けしておきます。

［密閉容器に入れる場合］

汁けのあるものなどは耐熱・耐冷の密閉容器が最適。調理後、あら熱がとれてから、容器に移し、しっかり密閉します。しっかり密閉しないと、食材の水分が抜けて乾燥したり、雑菌が入ってしまうので要注意です。

容器のまま電子レンジで加熱するので、必ず電子レンジ使用OKなものを選びましょう。

［シリコンカップに入れる場合］

本書Part 2のおかずメニューなどは、1食分の量が少ないので、シリコンカップを使うと便利。調理後、あら熱がとれたら、しっかりラップをかけて、バットの上などに並べて冷凍します。完全に凍ったら、すぐに使わない分は、カップからはずして、フリーザーバッグに移しかえると衛生面でも安心でおいしさもキープでき、場所をとらずに便利です。

［ラップにくるむ場合］

本書で多く登場する手づかみ食べメニューは、1食分ずつをラップでくるんでフリーザーバッグに入れて冷凍します。ラップの中央に離乳食を置き、上下、左右とラップをたたんでいくと、解凍したときにもはがしやすくておすすめです。

冷凍庫に入れるときは、ほうろうのバットなどの上に並べると、整理ができて便利です。

4 調理器具は清潔に

抵抗力の弱い赤ちゃんが食べるものなので、衛生面には大人の食事作り以上に気をつける必要があります。

ざるやボウル、計量スプーンなどは使用後に熱湯につけて消毒を。まな板、包丁などにもこまめに熱湯をかけて、清潔に保ちます。

食材を直接のせるまな板は、離乳食専用として大人用とは別のものを用意すると、より安心！

5〜6ヵ月ごろのペーストの保存方法は？

5〜6ヵ月ごろはご飯や野菜、くだもの、魚で作ったペーストをフリーザーバッグに入れて冷凍保存します。この本では1回で作るペーストは6食分です。すぐに使えるように、水分が少なめのペーストはフリーザーバッグの上から菜箸で6等分の節目をつけておきます。フリーザーバッグを使用すると、場所をとらずに保存でき、1食分を折って取り出すことができるので便利です。　　　　　（詳細はP15）

5 1週間で使いきる

冷凍しても、少しずつ食材の劣化は進みます。抵抗力の弱い赤ちゃんに食べさせる離乳食は、1週間を目安に使いきりましょう。フリーザーバッグに日付をメモしたり、小分け容器に日付を書いたふせんをつけたりして、使い忘れのないように気をつけましょう。

フリージング離乳食のお約束
解凍編

カチカチに凍らせたフリージング離乳食は、電子レンジでしっかり、あつあつに加熱しましょう！ きちんと再加熱することが、衛生面からも、おいしさの面からも大切です。

自然解凍はNG

1 凍ったまま一気に再加熱する

自然解凍してから加熱すると、水っぽくなっておいしさが損なわれてしまうことがあります。また、解凍に時間をかけると、その間に雑菌が繁殖してしまう恐れも。離乳食は、凍ったまま一気に加熱！ が基本です。

電子レンジOK？ 容器を確認！

この本のメニューは、すべて電子レンジで解凍・加熱して食べさせます。保存容器をそのまま加熱するときは、必ず電子レンジOKの表示があるものを選び、お皿に移しかえて温めるときは、耐熱のガラスや陶器を使います。

2 使う分だけサッと取り出す

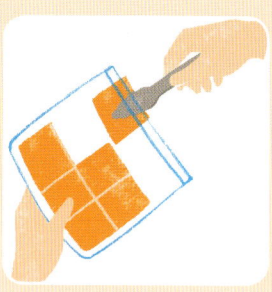

フリーザーバッグに入れたペーストは、使う分だけをポキッと折って、残りは空気を抜いて再び冷凍庫へ。容器に小分けしたものは、食べさせたいメニューだけをサッと取り出して解凍しましょう。

冷凍庫の開け閉めはパパッと素早く

扉を開けっぱなしにして冷凍庫内を物色していると、庫内の温度はすぐに上がってしまいます。少量の離乳食はすぐに溶けはじめ、冷凍と解凍を繰り返すと、食材の劣化が進んでしまいます。冷凍庫の開閉を素早くするためにも、冷凍庫内をこまめに整理整頓しておきましょう。

フリージングに向かない食材は…？

食材のなかには、冷凍するとおいしさが損なわれたり、食感が悪くなってしまうものがあります。特に水分が多い食材は、冷凍することによってスカスカ、ボソボソの状態に。ゆでたじゃがいも（マッシュすれば、冷凍してもOK）、豆腐（高野豆腐はOK）、ゆで卵、ヨーグルトなどは冷凍するとおいしくなくなってしまいます。

冷凍に向かない食材は、ぜひ「フリージング離乳食」を使わない日のメニューにとり入れてください。

豆腐／こんにゃく／ヨーグルト

3
空気の通り道を作って破裂防止！

密閉したまま電子レンジにかけると、温められた空気がふくらんで破裂してしまうことがあります。空気を逃がす通り道を作ることで、容器の破裂を防ぐことができます。

ふたをはずしてふんわりラップ

「冷凍・電子レンジOK」と書いてある容器でも、ふたは電子レンジ不可のものもあります。表示をよくチェックして。ふたが電子レンジ不可の場合は、ふんわりと空気の通り道を作るようにラップをかけて加熱を。

ラップに包んだものはそのままお皿にのせて

手づかみ食べメニューはラップに包んで冷凍します。加熱すると肉汁が出てくることがあるので、ラップで包んだまま耐熱皿にのせて電子レンジで加熱しましょう。

電子レンジOKのふたはずらすだけでも◎

ふたが電子レンジOKの小分け容器でも、密閉したまま加熱するのは危険。ふたを少しずらして加熱しましょう。

4
あつあつになるまでしっかり加熱

解凍するときには一度あつあつになるまで加熱しましょう。しっかり加熱することで殺菌効果も得られ、より安心して食べさせられます。加熱後に取り出して混ぜ、冷たい部分が残っていたら、もう一度電子レンジで加熱しましょう。ただし、赤ちゃんに食べさせるときは、人肌程度の温度に冷ましてください。

（ごはんまだ？）

（もうちょっとでできるよ♪）

もう1回♪

大きめ容器は2度チン！で加熱ムラを防いで

レシピの加熱時間は目安です。電子レンジの機種によっても温まり方に差があります。特に1回量がふえて容器が大きくなってきたら、途中で取り出し、一度混ぜてから再度加熱する方法がおすすめ。加熱ムラを防げます。

5〜6ヵ月ごろ

1日1回の離乳食から始め、食べることに慣れていく時期です。初めての離乳食は、赤ちゃんにとっても驚きの連続。あせらずゆっくり進めていきましょう。

離乳食スタート1ヵ月は
おかゆ、野菜、タンパク質の順に

　最初は、胃腸への負担が少ない米がゆからスタートしましょう。ひとさじから始め、1週間かけて少しずつ量をふやしていきます。10倍がゆのすりつぶしに慣れたら、次の週には野菜の裏ごしもメニューに加えましょう。

　3週目になったらタンパク質食材も加え、1ヵ月かけて3つの栄養源が食べられるようにゆっくりと慣らしていきましょう。初めて食べさせる食品は、1種類をひとさじから、少しずつ量をふやしていくのが基本です。

はじめの1回食

3つの栄養源が食べられるようになったら、素材を組み合わせたメニューにチャレンジ！

10倍がゆ　10倍がゆ　40g

かぼちゃペースト　かぼちゃ　10g

白身魚ペースト　白身魚　10g

【6回分】10倍がゆの作り方とフリージング

1 鍋にご飯¼**カップ**（約40g）、水1¼**カップ**を入れてふたをし、弱火で20分煮て火を止め、10分蒸らす。
2 すり鉢でなめらかになるまですりつぶす。
3 フリーザーバッグに平らにのばして冷凍。シリコン製の製氷皿に流し入れても◎。

食べるときは
使うときは袋の上から手で6等分に折って、⅙量を取り出し耐熱容器に入れてラップをかけ、電子レンジで**約1分**加熱し、混ぜる。

【6回分】かぼちゃペーストの作り方とフリージング

1 かぼちゃ100g（正味60g）は、タネとワタを除いてサッと水でぬらし、皮ごとラップに包み、電子レンジで1〜2分加熱する。
2 スプーンで果肉の部分だけをかき出し、すり鉢でなめらかになるまですりつぶす。
3 フリーザーバッグに平らにのばして入れ、菜箸で6等分に筋目をつけて冷凍。

食べるときは
かぼちゃペーストは袋の上から折って、適量を取り出す。耐熱容器に入れ、水小さじ2を加えてラップをかけ、電子レンジで**約20秒**加熱し、混ぜる。

【6回分】白身魚ペーストの作り方とフリージング

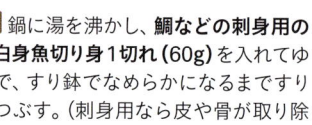

1 鍋に湯を沸かし、**鯛などの刺身用の白身魚切り身1切れ（60g）**を入れてゆで、すり鉢でなめらかになるまですりつぶす。（刺身用なら皮や骨が取り除かれているので調理も楽！）
2 フリーザーバッグに平らにのばして入れ、菜箸で6等分に筋目をつけて冷凍。

食べるときは
白身魚ペーストは袋の上から折って、適量を取り出す。耐熱容器に入れ、水小さじ2を加えてラップをかけ、電子レンジで**約20秒**加熱して混ぜる。片栗粉小さじ⅙を加えて混ぜ、電子レンジで**約20秒**加熱し、再び混ぜる。

| 2回食になったら | フリージングで**6**日間使いきりメニュー |

「2回食」の最初は、下の7種類の食材からスタートしてみましょう。それぞれの食材を6食分一度に冷凍します。16〜17ページに紹介する6種類のおかゆを6日間に2回ずつ食べると、フリージングしたおかゆやペーストを使いきれます。

STEP1

10倍がゆ

←左ページ参照

かぼちゃペースト

←左ページ参照

白身魚ペースト

←左ページ参照

6回分

パンがゆ ！小麦 牛乳

1 鍋に表示どおりに調乳した**ミルク¾カップ**、耳をとって、手でちぎった**8枚切り食パン1枚（30g）**を入れて中火にかけ、パンがやわらかくなるまで煮る。

2 すり鉢でなめらかになるまですりつぶす。

小麦製品のパンは、米の10倍がゆに十分に慣れてからデビュー。離乳食を始めて1ヵ月を過ぎたころが目安です。パンがゆを使うときは袋の上から折って、⅙量を取り出す。

6回分

ほうれんそうペースト

1 **ほうれんそうの葉12枚（正味60g）**は葉先のみを摘む。

2 鍋に湯を沸かし、1を入れてやわらかくゆで、水けを軽くしぼってなめらかになるまで裏ごしする。

繊維が多い葉野菜は、裏ごし必須！ なめらかになったら、フリーザーバッグに平らにのばして入れ、菜箸で6等分に筋目をつけて冷凍。

6回分

りんご ペースト

1 **りんご¼個（正味60g）**は、皮と芯を除き、水でぬらして丸ごとラップに包み、耐熱皿の上にのせて電子レンジで1分〜1分30秒加熱する。

2 皿にたまった水分とともに、すり鉢でなめらかになるまですりつぶす。

加熱する際に出た水分は甘みたっぷり。すりつぶすときにいっしょに加えて。なめらかなペーストになったら、平らにのばして冷凍。

6回分

にんじん ペースト

1 **にんじん½本（正味60g）**は皮をむき、鍋に入れてかぶるくらいの水を加えて火にかけ、沸騰したらふたをして弱火でやわらかくなるまでゆでる。

2 にんじんを鍋から引き上げ、すり鉢でなめらかになるまですりつぶす。

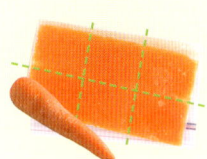

あら熱がとれたらフリーザーバッグに平らにのばして入れ、菜箸で6等分に筋目をつけて冷凍庫へ。

おかゆの基本

★この本で紹介するおかゆはすべて米からではなくご飯から作ります。
簡単に分量が量れるようにカップに入れるご飯と水の比率で調整しています。

- ご飯に対する水の割合で、かゆのやわらかさを調整します。
- 10倍がゆはご飯の5倍の水を、5倍がゆはご飯の2倍の水を入れて作ります。

5〜6ヵ月ごろのフリージング方法

下ごしらえした食材はフリーザーバッグに平らにのばして保存します。分量は、1週間以内に使いきれるよう、すべて6回分です。にんじんやかぼちゃなど、水分の少ない食材は菜箸で6等分に筋目をつけてから冷凍。使うときはポキッと折って1食分を取り出します。水分が多くて筋目がつけられないものは、袋の上から手で6等分に折って、⅙量を菜箸やトングで取り出して。多く出しすぎてしまった場合は、衛生面を考えて再度袋には戻さないようにしましょう。

14〜15ページのペーストで作る「2回食」期のメニュー。材料はそれぞれのペーストの1/6量。よく混ぜて食べさせて！

ほうれんそうとかぼちゃと白身魚のおかゆ

とろりとしたおかゆに混ぜこめば、パサパサしがちな白身魚もなめらかで食べやすくなります。

材料
- ほうれんそう…10g
- かぼちゃ…10g
- 白身魚…10g
- 10倍がゆ…40g

作り方
1. 耐熱容器にかぼちゃペースト、10倍がゆを入れ、ラップをかけて電子レンジで約1分加熱し、混ぜる。
2. 別の耐熱容器でほうれんそうペーストは約20秒、白身魚ペーストは約30秒、それぞれラップをかけて電子レンジで加熱する。
3. 1、2を盛り合わせる。

にんじんとほうれんそうと白身魚のおかゆ

緑、オレンジ、白とコントラストの鮮やかな一品。ビタミン類や食物繊維がしっかりとれるメニューです。

材料
- にんじん…10g
- ほうれんそう…10g
- 白身魚…10g
- 10倍がゆ…40g

作り方
1. 耐熱容器にほうれんそうペースト、10倍がゆを入れ、ラップをかけて約1分加熱し、混ぜる。
2. 別の耐熱容器でにんじんペーストは約20秒、白身魚ペーストは約30秒、それぞれラップをかけて電子レンジで加熱する。
3. 1、2を盛り合わせる。

 小麦 牛乳

りんごとにんじんのパンがゆ

お米のおかゆに慣れたら、パンがゆにもトライ！やさしい甘みが口いっぱいに広がります。

材料
- りんご…10g
- にんじん…10g
- パンがゆ…30g

作り方
1. 耐熱容器ににんじんペースト、パンがゆを入れ、ラップをかけて約1分加熱し、混ぜる。
2. りんごペーストは別の耐熱容器に入れてラップをかけ、電子レンジで20秒加熱する。
3. 1、2を盛り合わせる。

かぼちゃとにんじんと白身魚のおかゆ

かぼちゃ＆にんじんに白身魚の上品なうまみを加えたおかゆは、甘みがあって、たいていのベビーが大好きになる味です。

材料
- かぼちゃ…10g
- にんじん…10g
- 白身魚…10g
- 10倍がゆ…40g

作り方
1. 耐熱容器にかぼちゃペースト、にんじんペースト、10倍がゆを入れ、ラップをかけて電子レンジで1分～1分30秒加熱し、混ぜる。
2. 白身魚ペーストは別の耐熱容器に入れてラップをかけ、電子レンジで約30秒加熱する。
3. 1、2を盛り合わせる。

!小麦 牛乳

ほうれんそうとりんごのパンがゆ

りんごのフレッシュな甘さが、ほうれんそうの独特の香りをやわらげます。

材料
- ほうれんそう…10g
- りんご…10g
- パンがゆ…30g

作り方
耐熱容器にほうれんそうペースト、りんごペースト、パンがゆを入れ、ラップをかけて電子レンジで1分～1分30秒加熱し、混ぜ合わせる。

!小麦 牛乳

りんごとかぼちゃのパンがゆ

濃厚な甘みに、さっぱりとした酸味の組み合わせ。甘み以外の感覚も少しずつ体験させましょう。

材料
- りんご…10g
- かぼちゃ…10g
- パンがゆ…30g

作り方
1. 耐熱容器にかぼちゃペーストとパンがゆを入れ、ラップをかけて電子レンジで約1分加熱する。
2. りんごペーストは別の耐熱容器に入れてラップをかけ、電子レンジで約20秒加熱する。
3. 1、2を盛り合わせる。

STEP2 | 2回食になったら | フリージングで **6日間** 使いきりメニュー

2回食の2ステップ目は、野菜やタンパク質の種類を変えて、食の世界を広げていきましょう。
7種類の食材を6食分冷凍。6種類のおかずが6日間に
2回ずつ食べられるレシピ（P19〜P20）の紹介です。

6回分 10倍がゆ

10倍がゆは1週目（P14参照）と同じ。とろとろ状に慣れてきたら、7倍がゆ（ご飯1：水3の割合で炊いたおかゆをすりつぶす）にしても。

おかゆを作るときは、厚手の鍋がおすすめ。ご飯の甘みが引き出され、おいしく仕上がります。

6回分 ！小麦 牛乳 パンがゆ

パンがゆも1週目と同じ作り方（P15参照）。調乳したミルクのかわりに、同量の豆乳（無調整）を使ってアレンジしても。

ふわふわ、とろんとした食感を出すため、パンは手でちぎって加えるのがポイント。冷凍後使うときは袋の上から手で6等分に折って、1/6量を取り出す。

6回分 トマトペースト

トマト中1/2個（正味60g）は横半分に切り、ボウルの上にざるを重ね、スプーンや木べらなどで裏ごしして、なめらかにする。

裏ごしすると皮やタネが残るので、あらかじめとる必要はなし。使うときは袋の上から手で6等分に折って、1/6量を取り出す。

6回分 ブロッコリーペースト

1 ブロッコリー1/2個（つぼみの部分のみ正味60g）は小房に分け、熱湯を沸かしてゆで、水けをふいておく。
2 1を刻み、すり鉢でなめらかになるまですりつぶす。

やわらかなつぼみ部分だけを使うのがポイント。フリーザーバッグに平らにのばして入れ、菜箸で6等分に筋目をつけて冷凍庫へ。

6回分 さつまいもペースト

1 さつまいも小1/2本（正味60g）は1cm厚さの輪切りにし、皮を厚めにむいて10分水にさらしてアクをとる。
2 鍋に1を入れてかぶるくらいの水を加え、弱火にかけてやわらかくなるまでゆで、鍋から上げてすり鉢でなめらかになるまですりつぶす。

皮の近くは繊維とアクが多いので、この時期は皮を厚めにむいて。なめらかにすりつぶしたら、平らにのばして6等分に筋目をつけて冷凍。

6回分 しらす干しペースト

1 しらす干し60gは熱湯に5分つけて塩ぬきし、ざるに上げて水けをきる。
2 1をすり鉢でなめらかになるまですりつぶす。

ほかの食材と同様、フリーザーバッグに平らにのばして入れ、菜箸で6等分に筋目をつけて冷凍庫へ。

しらす干しは塩分が多いので、離乳食期は必ず塩ぬきをしましょう。

6回分 かぶ ペースト

1 かぶ1個（正味60g）は、皮を厚めにむき、2〜4等分に切る。
2 鍋に1を入れてかぶるくらいの水を加え、弱火にかけてやわらかくなるまでゆで、鍋から上げてすり鉢でなめらかになるまですりつぶす。

かぶなどの根菜類は水からゆでることで甘みが引き出され、よりおいしく調理できます。菜箸で6等分に筋目をつけて冷凍。

初めて食べる食材は単品で食べさせて

5〜6ヵ月ごろのメニューは、それぞれの素材（ペースト）を混ぜ合わせずに、それぞれ加熱して単品で与えても、大丈夫です。

特に、初めて食べる食材は、ほかの食材と混ぜずに単品で食べさせましょう。万が一アレルギー反応が出た場合も原因となった食品を特定することができ、対処しやすくなります。

18ページのペーストで作る「2回食」期のメニュー。材料はそれぞれのペーストの1/6量。よく混ぜて食べさせて！

トマトとブロッコリーとしらすのおかゆ

食べたい意欲を盛り上げるためには見た目も大切。カラフルに見える組み合わせや新しい食感にも挑戦！

材料

 トマト…10g
 ブロッコリー…10g
 しらす干し…10g
 10倍がゆ…40g

作り方

1 耐熱容器にトマトペーストと10倍がゆを入れ、ラップをかけて電子レンジで約1分加熱する。

2 別の耐熱容器でブロッコリーペーストは約20秒、しらす干しペーストは約30秒、それぞれラップをかけて電子レンジで加熱する。

3 1、2を盛り合わせる。

!小麦 牛乳

さつまいもとブロッコリーのパンがゆ

とろとろのパンがゆに包まれれば、ブロッコリーのペーストもよりいっそう食べやすくなります。

材料

 さつまいも…10g
 ブロッコリー…10g
 パンがゆ…30g

作り方

耐熱容器にさつまいもペースト、ブロッコリーペースト、パンがゆを入れ、ラップをかけて電子レンジで1分〜1分30秒加熱し、混ぜ合わせる。

かぶとブロッコリーとしらすのおかゆ

モソモソしがちなブロッコリーは、みずみずしいかぶと合わせます。野菜のほのかな甘みとしらすのうまみで食がすすみます。

材料

 かぶ…10g
 ブロッコリー…10g
 しらす干し…10g
 10倍がゆ…40g

作り方

1 耐熱容器にしらす干しペースト、10倍がゆを入れ、ラップをかけて電子レンジで約1分加熱する。

2 別の耐熱容器にかぶペーストとブロッコリーペーストを入れ、ラップをかけて電子レンジで30〜40秒加熱する。

3 1、2を盛り合わせる。

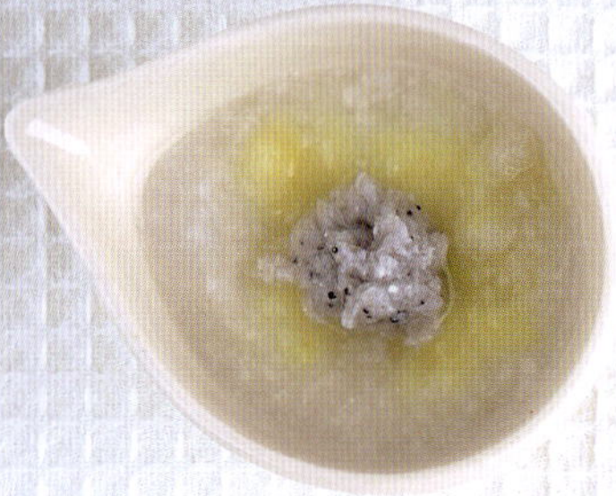

さつまいもとかぶと しらすのおかゆ

かぶに含まれる消化酵素は、いもや米など、炭水化物の消化を助けてくれます。

材料
- さつまいも…10g
- かぶ…10g
- しらす干し…10g
- 10倍がゆ…40g

作り方
1. 耐熱容器にさつまいもペースト、かぶペースト、10倍がゆを入れ、ラップをかけて電子レンジで1分～1分30秒加熱する。
2. しらす干しペーストは別の耐熱容器に入れてラップをかけ、電子レンジで約30秒加熱する。
3. 1、2を盛り合わせる。

!小麦 牛乳

かぶとトマトの パンがゆ

かぶは、ミルク味との相性も抜群！甘酢っぱいトマトを加えて、甘みと酸味を体験できます。

材料
- かぶ…10g
- トマト…10g
- パンがゆ…30g

作り方
1. 耐熱容器にトマトペーストとパンがゆを入れ、ラップをかけて電子レンジで約1分加熱する。
2. かぶペーストは別の耐熱容器に入れてラップをかけ、電子レンジで約20秒加熱する。
3. 1、2を盛り合わせる。

!小麦 牛乳

さつまいもとトマトの パンがゆ

まろやかなパンがゆに、トマトのうまみをプラス。じっくり甘みを引き出した、さつまいもペーストを添えて。

材料
- さつまいも…10g
- トマト…10g
- パンがゆ…30g

作り方
1. 耐熱容器にトマトペーストとパンがゆを入れ、ラップをかけて電子レンジで約1分加熱する。
2. さつまいもペーストは別の耐熱容器に入れてラップをかけ、電子レンジで約20秒加熱する。
3. 1、2を盛り合わせる。

★このページで紹介しているレシピは18ページで作ったペーストを使用します。

Part 1

＼完成形／
ワンボウル フリージング離乳食

そのまま食べられる状態にまで調理してあるのが「完成形」。
炭水化物、ビタミン・ミネラル、タンパク質をバランスよく組み合わせて
主食とおかずをワンボウルにしたレシピです。
忙しいママも、時間のあるときに作りおきしておけば、
食べさせるときにチンするだけ！
腹ペコの赤ちゃんを待たせません。

完成形 ワンボウル

炭水化物 ＋ ビタミン・ミネラル ＋ タンパク質

＼完成形／ ワンボウルフリージング離乳食の いいところ

"完成形"ワンボウルってどんなもの？

すべての調理を終えて冷凍するから"完成形"フリージング離乳食。なかでも、赤ちゃんに食べさせたい炭水化物、ビタミン・ミネラル、タンパク質の3つの栄養素がバランスよくとれるメニューが「"完成形"ワンボウルフリージング離乳食」です。4食分をまとめて作り、電子レンジOKの耐熱容器、お弁当箱などに入れてフリージングします。

1週間を目安に使いきるようにしてください。

いいところ1
これひとつで、食べさせたい3つの栄養素がばっちり！

体を動かすエネルギーとなるご飯、麺類、パンなどの炭水化物に、体の調子を整えるビタミン・ミネラルが豊富な食材、体をつくる材料となるタンパク質が豊富な食材をドッキング。

あれこれ用意できないときも、栄養バランス良好な「完成形ワンボウル」があればひと安心。繊維の多い葉もの野菜やパサパサしがちな肉や魚も、ご飯や麺にからませるから、食べやすさがぐーんとアップします。

オールインワン♡

肉や魚も　ご飯も　野菜も

いいところ2
「今すぐ食べたい！」の緊急コールにもすぐこたえられる

たとえば保育園から帰るのが遅くなってしまったとき。たとえば家事で忙しくて離乳食作りに手がまわらなかったとき。たとえば買い物に行く時間がなくて食材が少ないとき。

それでもベビーの空腹は待ったなし！「完成形ワンボウル」があれば、そんな緊急事態だって難なくクリア。ストレスフリーの離乳食期を過ごせます。

ワンボウルフリージングの注意点❶
加熱をしっかり

ご紹介するメニューは、すべて4食分です。でき上がった離乳食はあら熱がとれたら、4等分して、耐熱・耐冷密閉容器に入れて冷凍します。食べるときは、電子レンジであつあつに加熱してから、人肌くらいの温度に冷まして食べさせましょう。

加熱時間はレシピによって異なります。各レシピの目安を参考に、調節してください。

加熱後は、必ず全体をよく混ぜて、温まっているかを確認してください。まだ温まっていない場合はさらに20秒から30秒再加熱してから、冷ますようにしましょう。

※フリージング離乳食のお約束（P10〜13）もご参照ください。

ワンボウルフリージングの注意点❷
電子レンジOKの密閉容器で1食分ずつ冷凍

ワンボウルフリージング離乳食には、小分けの耐熱・耐冷密閉容器を使用してください。冷凍庫から取り出してすぐに「チン！」でき、雑菌が繁殖する時間を最低限におさえられます。電子レンジ不可の容器は避けましょう。

Part 1 ワンボウル

いいところ3
調理ずみを冷凍するから食べるときはチンするだけ

「完成形ワンボウル」は、できたてのおいしさをそのまま冷凍しています。だから、食べさせるときの調理はなし。容器ごと電子レンジで温めれば、あっというまに離乳食の準備は完了！

そのままテーブルに出せる手軽さが、忙しいママをサポートします。

このままベビーが待つ食卓へ

いいところ4
まとめて作るから時短＆食材のムダが出にくい！

少量の野菜や肉をゆでて、刻んで……。食べる量は少なくても、離乳食作りは意外と手間のかかるもの。まとめて作れば大人の料理と同じような感覚で調理ができて、時短効果も絶大！

食材を使いきりやすいのも魅力です。冷凍庫で出番を待つ「完成形ワンボウル」がママの「大変！」を軽くしてくれます。

「チンするだけ」の手軽さがママに余裕を与えてくれます

食べることが大好きな長男は、おなかがすくと大号泣！ ごはんの用意ができるまで泣きつづけるツワモノです。そんなわが家では、2種類ぐらいのワンボウル離乳食を冷凍庫にストック。忙しい朝や、大人メニューからの取り分けがしづらいとき、そして「もう待てない！」の泣き声が響いたときに活用していました。

毎食がワンボウルメニューでは食事がバラエティーに乏しいものになってしまうけれど、ピンチのときに「栄養満点なアレがある！」と思えると、なんだか安心。私にとっての「完成形ワンボウル」は、そんなお守りのような存在でした。

23

7〜8カ月ごろ

2回食に慣れてきたら、いよいよ"完成形"フリージングの出番です。とろりとしたおかゆやうどんをベースにした"ワンボウルメニュー"は、この時期のベビーにぴったりの食べやすさ！

⏱ 電子レンジでの加熱時間は、すべて1〜2分です。電子レンジから取り出したら、必ず全体を混ぜ、冷たい部分が残っているようならようすを見ながら再加熱を。

ツナと小松菜とにんじんのおじや

苦手なベビーが多い葉野菜も、ご飯に混ぜれば手軽に食べやすさアップ！ツナのうまみがポイントの、飽きのこない定番おじやです。

材料（4食分）
- ご飯 …………………… 120g
- ツナ水煮缶（ノンオイル） …………………… ½缶（40g）
- 小松菜の葉 ……… 8枚（40g）
- にんじん ………… ⅔本（80g）
- 水 ……………………… 1¾カップ

作り方
1. 小松菜、皮をむいたにんじんはみじん切りにする。
2. 鍋に、にんじん、汁けを軽くきったツナ、ご飯、水を入れてふたをし、弱火でにんじんがやわらかくなるまで煮て、小松菜も加えてさらに2分煮る。
3. 2のあら熱がとれたら、4つの密閉容器に分けて入れ、冷凍する。

！小麦

白身魚といちごとキャベツのパンがゆ

いちごの甘酸っぱさが、パンがゆのアクセントに。いちごが手に入らない季節は、りんごやオレンジなどのくだものでアレンジしても◎。

材料（4食分）
- 食パン（8枚切り） ……… 3枚
- 白身魚（刺身用） …………………… 4切れ（40g）
- いちご …………… 8個（80g）
- キャベツ ………… ⅔枚（40g）
- 野菜スープ（右参照。市販のベビーフードのスープでもOK） …………………… 1½カップ

作り方
1. キャベツは芯を除いてみじん切りにする。食パンは耳をとってちぎる。
2. 鍋に野菜スープ、キャベツを入れ、ふたをして中火で煮る。キャベツがやわらかくなったら、白身魚、食パンを加えてさらに煮て、いちごを加え、全体を細かくつぶす。
3. 2のあら熱がとれたら、4つの密閉容器に分けて入れ、冷凍する。

★手作り野菜スープ★

材料
- キャベツ ………… 1枚（60g）
- にんじん ………… ½本（60g）
- 玉ねぎ …………… ¼個（50g）
- 水 ………………… 2カップ

作り方
厚手の鍋に、半分に切ったキャベツ、にんじん、玉ねぎ、水を入れふたをし、弱火で20分ほど煮て、こす。
※煮た野菜は、離乳食にも使えます。

食べるときは
ふたかラップをして電子レンジで1〜2分チン！

食べるときは
ふたかラップをして電子レンジで1〜2分チン！

Part 1
7〜8ヵ月ごろ
ワンボウル

食べるときは
ふたかラップをして電子レンジで1〜2分チン！

食べるときは
ふたかラップをして電子レンジで1〜2分チン！

!小麦
しらすとチンゲンサイのあんかけそうめん

やわらかな食感のそうめんに、しらす＆コーンでうまみとコクを出したあんをたっぷりかけて。

材料（4食分）

- そうめん… 1束強（60g）
- しらす干し …… ⅓カップ強（40g）
- チンゲンサイの葉 …………… 3枚（30g）
- 長ねぎのみじん切り ……… 大さじ1（10g）
- クリームコーン缶 ………… 小½缶弱（90g）
- 水 ………… ⅓カップ

作り方

1. しらすは熱湯に5分ほどつけて塩ぬきし、みじん切りにする。チンゲンサイもみじん切りにする。
2. そうめんはやわらかくゆでて水洗いし、みじん切りにする。
3. 鍋に水、長ねぎを入れ、ふたをして中火でやわらかく煮る。クリームコーン、しらす、チンゲンサイを加えてさらに煮る。
4. 4つの密閉容器に2を分けて入れ、それぞれにあら熱がとれた3をかけ、冷凍する。

!牛乳
さつまいもとアスパラと鶏肉のコーンフレークがゆ

豆乳をたっぷり吸ったコーンフレークはふわふわ。舌でつぶして食べるこの時期にぴったりです。

材料（4食分）

- コーンフレーク（砂糖不使用） ……… 1カップ（20g）
- さつまいも ………… 小⅔本（80g）
- グリーンアスパラ ………… 2本（30g）
- 玉ねぎのみじん切り ……… 大さじ1（10g）
- 鶏ささみひき肉 …… 大さじ1⅓（20g）
- バター ……………… 5g
- 豆乳（無調整）… ¾カップ
- 水 ……………… ¾カップ

作り方

1. アスパラは根元を1cm切り落とし、根元のかたい皮をピーラーでむき、みじん切りにする。さつまいもは皮をむいて1cm厚さの輪切りにし、水にさらす。コーンフレークは手で細かく砕く。
2. 鍋にバターを中火で溶かし、玉ねぎを炒め、火が通ったらひき肉を加えてポロポロになるまで炒める。さつまいも、アスパラも加えてサッと炒め、水を加えてふたをし、弱火で煮ながら全体をへらでつぶす。
3. 2に豆乳を加え、煮立ったらコーンフレークを加えてやわらかくなるまで煮る。
4. 3のあら熱がとれたら、4つの密閉容器に分けて入れ、冷凍する。

高野豆腐とえのきの トマト煮ご飯

高野豆腐はすりおろして使えば、もどす手間なし！
手軽に良質なタンパク質がとれる便利食材です。

材料（4食分）
ご飯………………… 120g
高野豆腐（すりおろし）
　………………… 大さじ2
えのき
　… 小½パック弱（40g）
トマト…… 中⅔個（80g）
長ねぎのみじん切り
　……… 大さじ1（10g）
水 ……………… 1¾カップ

作り方
1. えのきは石づきを切り落としてみじん切りにし、トマトは湯むきしてタネをとり、みじん切りにする。
2. 鍋に水、長ねぎ、ご飯を入れてふたをし、中火でやわらかくなるまで煮る。えのき、高野豆腐も加えて2分ほど煮て、トマトを加えてさらに1分煮る。
3. 2のあら熱がとれたら、4つの密閉容器に分けて入れ、冷凍する。

！小麦

かぶと鶏肉と ブロッコリーのうどん

だしを吸ったかぶと合わせると、ブロッコリーの
つぶつぶや鶏肉のモソモソ感も気にならなくなります。

材料（4食分）
ゆでうどん
　………… 1玉（200g）
かぶ………… 1⅓個（80g）
鶏ささみひき肉
　…… 大さじ2⅔（40g）
ブロッコリー
　……… 小房4個（40g）
だし汁………… 1¼カップ

作り方
1. かぶは皮をむき、2cm角に切る。ブロッコリーは小さめの小房に分ける。うどんはみじん切りにする。
2. 鍋にだし汁、かぶ、ブロッコリーを入れてふたをし、弱火でやわらかくなるまで煮る。ひき肉を加えて全体をへらでつぶしながら火を通し、うどんを加えてさらにひと煮する。
3. 2のあら熱がとれたら、4つの密閉容器に分けて入れ、冷凍する。

!牛乳

さけとキャベツとパプリカのリゾット風

玉ねぎのやさしい甘みとさけがおいしい組み合わせ。バターをほんのりきかせて洋風に。

材料（4食分）

- ご飯……………………120g
- 生さけ……½切れ (40g)
- キャベツ……1枚 (60g)
- 黄パプリカ…½個 (60g)
- バター……………………5g
- 玉ねぎのみじん切り………大さじ2 (20g)
- 水………………1¾カップ

作り方

1. キャベツは芯の部分を除いてみじん切りに、パプリカはヘタとタネを除いてみじん切りにする。さけは皮と骨を除いてひと口大に切る。
2. 鍋にバターを中火で熱し、玉ねぎを入れてしんなりするまで炒め、1のキャベツ、パプリカ、さけを加え、へらなどでさけをつぶしながら炒める。
3. 2に水とご飯を加えてふたをし、やわらかくなるまで煮る。
4. 3のあら熱がとれたら、4つの密閉容器に分けて入れ、冷凍する。

食べるときは
ふたかラップをして電子レンジで1～2分チン！

納豆とオクラのねばねばトマト丼

白、緑、赤、茶色と彩りもきれいな栄養満点レシピ。ねばねば食材には消化を助ける効果も。

材料（4食分）

- 5倍がゆ……………320g
- ひきわり納豆………2パック (60g)
- オクラ………4本 (40g)
- トマト……中⅔個 (80g)

作り方

1. オクラはヘタを落とし、縦半分に切ってタネを除き、やわらかめにゆでてみじん切りにする。トマトは湯むきしてタネをとり、みじん切りにする。
2. 4つの密閉容器に5倍がゆを分けて入れ、それぞれにひきわり納豆、1をのせて冷凍する。

食べるときは
ふたかラップをして電子レンジで1～2分チン！

★5倍がゆ (320g) の作り方★

材料

- ご飯……………………100g
- 水………………1⅓カップ

作り方

鍋にご飯、水を入れてふたをし、弱火で20分ほど煮て火を止め、7～8分ほど蒸らす。

> 食べるときは
> ふたかラップをして電子レンジで1〜2分チン！

Part 1 7〜8ヵ月ごろ ワンボウル

!小麦 牛乳

ポテトとほうれんそうとサーモンのクリームうどん

こっくりクリーミーな洋風うどん。ほくほく食感のおいもを加えて、食べごたえも満点です。

材料（4食分）

- ゆでうどん …………… 1玉（200g）
- じゃがいも ………… 中1/2個（60g）
- 生さけ …… 1/4切れ（20g）
- ほうれんそうの葉 …………… 10枚（50g）
- バター …………………… 5g
- 玉ねぎのみじん切り ……… 大さじ1（10g）
- 牛乳 …………… 3/4カップ
- 水 ……………… 1/2カップ

作り方

1. じゃがいもは皮をむいて1cm厚さに切る。ほうれんそうはゆでてみじん切りに、さけは皮と骨を除いてひと口大に切る。うどんはみじん切りにする。
2. 鍋にバターを中火で熱し、玉ねぎを炒めてしんなりしたらさけ、じゃがいもを加えてさらに炒め、水を加えてふたをし、やわらかくなるまで煮る。
3. へらなどで2の全体を細かくつぶし、牛乳を加え、煮立ったらうどん、ほうれんそうを加えてさらに煮る。
4. 3のあら熱がとれたら、4つの密閉容器に分けて入れ、冷凍する。

!小麦 牛乳

かぼちゃとにんじんとグリーンピースのパンがゆ

カロテンを豊富に含むかぼちゃとにんじんは、免疫力を高めるといわれています。とろ〜りとした食感です。

材料（4食分）

- 食パン（8枚切り）…… 3枚
- かぼちゃ …………… 60g
- にんじん …… 1/3本（40g）
- グリーンピース …… 1/3カップ弱（50g）
- バター …………………… 5g
- 玉ねぎのみじん切り ……… 大さじ2（20g）
- 牛乳 …………… 3/4カップ
- 水 ……………… 1カップ

作り方

1. かぼちゃは皮とワタ、タネを除いて1cm厚さに切り、にんじんは皮をむいて1cm厚さの輪切りにする。グリーンピースは、生の場合はやわらかめにゆで、缶詰の場合はそのままで、薄皮をむく。
2. 鍋にバターを中火で熱して玉ねぎを炒め、かぼちゃ、にんじんも加えてサッと炒めたら水を加えてふたをし、やわらかくなるまで煮る。
3. 牛乳を加え、耳をとって小さくちぎった食パン、グリーンピースを加えてパンがやわらかくなるまで煮、全体を細かくつぶす。
4. 3のあら熱がとれたら、4つの密閉容器に分けて入れ、冷凍する。

> 食べるときは
> ふたかラップをして電子レンジで1〜2分チン！

9〜11ヵ月ごろ

3回食にステップアップすると、栄養のメインは母乳やミルクから離乳食に。フリージング離乳食の活躍度もますますアップします。バラエティー豊かなメニューで、赤ちゃんの食の世界を広げましょう。

> ⏱ 電子レンジでの加熱時間は、すべて2〜3分です。
> 電子レンジから取り出したら、必ず全体を混ぜ、冷たい部分が残っているようならようすを見ながら再加熱を。

!小麦

かぼちゃとひじきと鶏肉のあんかけうどん

鶏そぼろやひじきを、かぼちゃの甘みととろみに包んで食べやすく仕上げました。カルシウムや鉄分が豊富なひじきは、ベビーに食べさせたい食品です。

材料（4食分）

- ゆでうどん……………1½玉強（320g）
- かぼちゃ………………120g
- 乾燥ひじき……………大さじ1⅓（4g）
- 鶏むねひき肉…………大さじ4（60g）
- だし汁…………………1カップ
- A［片栗粉…小さじ2、水…小さじ4］

作り方

1. かぼちゃは皮とワタ、タネを除いて1cm厚さに切る。ひじきは水でもどし、長ければ2cm長さに切る。うどんは2cm長さに切ってサッとゆでる。
2. 鍋にだし汁、かぼちゃ、ひじきを入れてふたをし、中火でやわらかくなるまで煮る。ひき肉も加え、つぶしながら煮て火が通ったら混ぜ合わせたAでとろみをつける。
3. 4つの密閉容器にうどんを分けて入れ、それぞれにあら熱がとれた2をかけ、冷凍する。

カラフル3色丼

目にも楽しいビタミンカラーが赤ちゃんの食べたい気持ちを盛り上げます。アスパラのさわやかな香り、パプリカの甘み、さけのうまみが楽しめます。

材料（4食分）

- 軟飯……………………320g
- グリーンアスパラ……4本（60g）
- 黄パプリカ……小1個（100g）
- 生さけ…………¾切れ（60g）

作り方

1. アスパラは根元を1cm切り落とし、根元のかたい皮をピーラーでむいて5mm幅に切る。パプリカは縦半分に切ってヘタとタネを除く。
2. 鍋に湯を沸かし、1のアスパラをやわらかくなるまでゆでる。パプリカもやわらかくゆでてから取り出し、皮をむいて5mm角に切る。同じ湯でさけをゆで、皮と骨を除いてほぐす。
3. 4つの密閉容器に軟飯を分けて入れ、それぞれにあら熱がとれた2を盛り合わせ、冷凍する。

★軟飯（320g）の作り方★

材料
- ご飯……………………240g
- 水………………………1¼カップ

作り方
耐熱容器にご飯と水を入れ、電子レンジで2〜3分加熱し、そのまま10分蒸らす。

食べるときは
ふたかラップをして電子レンジで2〜3分チン！

!牛乳 小麦

にんじんとツナのドリア風

野菜たっぷりのミルクスープに、小麦粉とバターを溶かし入れれば、手作りホワイトソースが簡単に。

材料（4食分）

- 軟飯……………… 320g
- にんじん…… ¾本（90g）
- ツナ水煮缶（ノンオイル）………… ½缶弱（30g）
- ブロッコリー…小房4〜5個（50g）
- 玉ねぎのみじん切り……… 大さじ2（20g）
- 牛乳……………… ¾カップ
- A［バター…10g、小麦粉…小さじ2］
- 水………………… 1カップ

※軟飯の作り方はP30
※バターは室温に戻してやわらかくしておく。

作り方

1. にんじんは皮をむいて5mm厚さの輪切りにし、ブロッコリーは小さめの小房に分ける。ツナは汁を軽くきる。
2. 鍋に水、1、玉ねぎを入れてふたをし、中火でやわらかくなるまで煮て全体をつぶす。
3. 2に牛乳を加え、よく練り混ぜたAを溶かし入れてとろみがつくまで煮る。
4. 4つの密閉容器に軟飯を分けて入れ、それぞれにあら熱がとれた3をかけ、冷凍する。

!小麦

きのことほうれんそうのミートソーススパゲッティ

トマトジュースで作る、お手軽ミートソース。麺とよくからみ、かむごとにうまみが広がります。

材料（4食分）

- スパゲッティ……… 100g
- しめじ…小½パック弱（40g）
- ほうれんそうの葉……………… 8枚（40g）
- 牛赤身ひき肉……… 大さじ4（60g）
- トマトジュース（無塩）……………… ½カップ
- オリーブ油…… 小さじ1

作り方

1. ほうれんそうはサッとゆでて2cm長さの細切りにする。しめじは細かくほぐし、2cm長さに切る。スパゲッティは袋の表示どおりにゆでて2cm長さに切る。
2. 鍋にオリーブ油を中火で熱し、ひき肉をポロポロになるまで炒め、しめじも加えてサッと炒めたらトマトジュース、ほうれんそうを加えて2分ほど煮、スパゲッティを加えて混ぜ合わせる。
3. 2のあら熱がとれたら、4つの密閉容器に分けて入れ、冷凍する。

食べるときは
ふたかラップをして電子レンジで2〜3分チン！

!牛乳
ほたてといろいろ野菜の
クリームコーン煮ご飯

甘みととろみ、うまみのあるクリームコーンは、
赤ちゃんが食べやすく、離乳食にぴったりな食材です。

材料（4食分）
ご飯……………………240g
ほたて貝柱
　………3〜4個（60g）
キャベツ……2/3枚（40g）
赤ピーマン…1個（30g）
クリームコーン缶
　………小1/2缶弱（90g）
バター……………………5g
水……………………1/2カップ

作り方
1. キャベツは芯を除き、5mm角に、赤ピーマンはヘタとタネを除いて5mm角に切る。ほたても5mm角に切る。
2. 鍋にバターを中火で熱し、キャベツ、ピーマンを炒めて水を加え、やわらかくなるまで煮る。クリームコーン、ほたて、ご飯も加えてさらに煮る。
3. 2のあら熱がとれたら、4つの密閉容器に分けて入れ、冷凍する。

食べるときは
ふたかラップをして電子レンジで2〜3分チン！

Part 1 9〜11ヵ月ごろ ワンボウル

食べるときは
ふたかラップをして電子レンジで2〜3分チン！

!小麦
トマトとにらと納豆の
そうめんチャンプルー

納豆は炒めると粘りがおさえられるので、
独特のねばねば感が苦手な赤ちゃんも食べやすいです。

材料（4食分）
そうめん……2束（100g）
トマト……小1個（100g）
にら…………10本（40g）
ごま油……………小さじ1
長ねぎの粗みじん切り
　………大さじ1（20g）
極小粒納豆
　………2パック（60g）

作り方
1. トマトは湯むきしてタネをとり、5mm角に切る。にらは根元を落として5mm幅に切る。そうめんは熱湯でやわらかくゆで、2cm長さに切る。
2. フライパンにごま油を中火で熱し、長ねぎをしんなりするまで炒め、納豆も加えてサッと炒めたらそうめん、トマト、にらを加えて炒め合わせる。
3. 2のあら熱がとれたら、4つの密閉容器に分けて入れ、冷凍する。

食べるときは
ふたかラップをして電子レンジで2〜3分チン！

食べるときは
ふたかラップをして電子レンジで2〜3分チン！

⚠小麦
白菜と豚肉の焼きそば

長ねぎとほんのりごま油の香りで、食欲増進！
野菜をたっぷり食べさせられます。

材料（4食分）

中華蒸し麺 …… 1⅔玉弱（240g）
白菜 ………… 1枚（100g）
豚もも薄切り肉 …… 4枚（60g）
長ねぎ ……… 6cm（20g）
赤ピーマン …… 1⅓個（40g）
ごま油 ……… 小さじ1
水 …………… ½カップ

作り方

1 中華蒸し麺は2cm長さに切る。長ねぎ、白菜、脂身を除いた豚もも肉はすべて2cm長さの細切りにする。赤ピーマンもヘタとタネを除いて2cm長さの細切りにする。

2 鍋にごま油を中火で熱し、長ねぎを炒め、白菜、赤ピーマン、豚肉の順に炒める。水を加えてやわらかくなるまで煮たら中華蒸し麺を加えて混ぜ合わせる。

3 2のあら熱がとれたら、4つの密閉容器に分けて入れ、冷凍する。

⚠卵
卵チャーハン

ご飯に卵がからんでおいしいチャーハン。
赤と緑色のピーマンを1つずつ使えばもっとカラフルに。

材料（4食分）

ご飯 ………… 240g
溶き卵 ……… 1個分
長ねぎの粗みじん切り …… 大さじ1（20g）
赤ピーマン …… 1⅔個（50g）
にんじん …… ¾本（90g）
豚赤身ひき肉 …… 大さじ2（30g）
ごま油 ……… 小さじ1
水 …………… 1カップ

作り方

1 ピーマンはヘタとタネを除いて5mm角に、にんじんも皮をむいて5mm角に切る。

2 フライパンにごま油を中火で熱し、長ねぎをサッと炒めてピーマン、にんじん、ひき肉を加えてポロポロになるまで炒め、水を加えてふたをして煮る。

3 野菜がやわらかくなったらご飯を加え、水分が少なくなってきたら卵を加えて火を通す。

4 3のあら熱がとれたら、4つの密閉容器に分けて入れ、冷凍する。

34

Part 1
9〜11ヵ月ごろ
ワンボウル

食べるときは
ふたかラップをして電子レンジで2〜3分チン！

食べるときは
ふたかラップをして電子レンジで2〜3分チン！

!小麦
まぐろと彩り野菜のあんかけ焼きそば

ほっこりしたカリフラワーに、ふわっとやわらかなまぐろ。いろいろな食感が楽しめるごちそう焼きそば。

材料（4食分）
- 中華蒸し麺 ……… 1⅔玉弱（240g）
- まぐろ赤身（刺身用） ………… 4切れ（60g）
- カリフラワー ……… 小¼個（100g）
- 赤パプリカ … ⅓個（40g）
- 万能ねぎ …… 5本（20g）
- 野菜スープ（市販のベビーフードのスープでもOK） ………… 1½カップ
- A［片栗粉…小さじ2、水…小さじ4］

※野菜スープの作り方はP24

作り方

1. カリフラワーは小さめの小房に分ける。パプリカは5mm角に切り、万能ねぎは5mm幅の小口切りにする。中華蒸し麺は袋のまま1分電子レンジで加熱し、2cm長さに切る。

2. 鍋に野菜スープ、カリフラワー、パプリカを入れてふたをし、中火で煮る。野菜がやわらかくなったらまぐろを加え、全体をつぶすようにさらに煮て、万能ねぎも加えてひと煮し、混ぜ合わせた A でとろみをつける。

3. 4つの密閉容器に中華蒸し麺を分けて入れ、それぞれにあら熱がとれた 2 をかけ、冷凍する。

!小麦
いわしとセロリのトマトソースマカロニ

栄養豊富だけど少しクセのある青魚も、トマト味なら、食べやすくなります。

材料（4食分）
- マカロニ …………… 100g
- いわし …… 大1尾（60g）
- セロリ ……… ⅓本（30g）
- カットトマト缶 ……… ⅓缶弱（130g）
- オリーブ油 …… 小さじ1

作り方

1. セロリは筋をとって5mm角に切る。いわしは手開きにして中骨と腹骨を取り除く。マカロニは袋の表示どおりにゆでて2cm長さに切る。

2. 鍋にオリーブ油を中火で熱し、いわしを並べて両面を焼き、一度取り出して小骨を除きながらほぐす。

3. 2の鍋でセロリを炒めてトマト缶を加え、いわしを戻し入れて全体をつぶしながら2分煮る。

4. 4つの密閉容器にマカロニを分けて入れ、それぞれにあら熱がとれた 3 をかけ、冷凍する。

35

オクラともやしとさけのねばねば丼

オクラのねばねばが、自然なとろみになって食べやすさアップ！ ご飯によくからみます。

材料（4食分）

- 軟飯……………… 320g
- オクラ……… 8本（80g）
- もやし…… 1/4袋弱（40g）
- 生さけ…… 3/4切れ（60g）

※軟飯の作り方はP30

作り方

1. オクラはやわらかくなるまでゆでてヘタを落とし、粗く刻む。もやしはひげ根をとり、ゆでて5mm幅に切る。さけもゆで、皮と骨を除いてほぐす。
2. 4つの密閉容器に軟飯を分けて入れ、それぞれに混ぜ合わせてあら熱がとれた1をのせ、冷凍する。

食べるときは ふたかラップをして電子レンジで2〜3分チン！

高野豆腐と根菜の混ぜご飯

良質なタンパク質を含む高野豆腐は、離乳食に積極的にとり入れたい食材です。

材料（4食分）

- ご飯……………… 240g
- 高野豆腐…………… 10g
- にんじん…… 1/2本（60g）
- 大根………… 3cm（100g）
- だし汁………… 1カップ

作り方

1. にんじん、大根は皮をむいてそれぞれ5mm角に切る。高野豆腐は水でもどして7mm角に切る。
2. 鍋にだし汁、1を入れ、ふたをして中火でやわらかくなるまで煮たら、ご飯を加えて混ぜ合わせる。
3. 2のあら熱がとれたら、4つの密閉容器に分けて入れ、冷凍する。

食べるときは ふたかラップをして電子レンジで2〜3分チン！

Part 1

9〜11ヵ月ごろ

ワンボウル

!小麦 牛乳

さつまいもと小松菜と鶏肉のクリーム煮ご飯

鶏肉に小麦粉をまぶして炒めることで、とろみづけも簡単に！ クリーミーで食べやすいご飯です。

材料（4食分）

軟飯……………… 320g
さつまいも
　……… 小1本弱（100g）
小松菜の葉
　……………… 6枚（30g）
鶏むね肉…… 1/8枚（30g）
小麦粉………… 小さじ2
バター……………… 5g
玉ねぎのみじん切り
　………… 大さじ2（20g）
牛乳……………… 3/4カップ
水………………… 1カップ

※軟飯の作り方はP30

作り方

1 さつまいもは皮をむいて1cm厚さの輪切りにして水にさらす。小松菜、鶏肉は5mm角に切り、鶏肉には小麦粉をまぶす。

2 鍋にバターを中火で熱し、玉ねぎを炒めてしんなりしたら、さつまいもを加えてサッと炒め、水を加えてふたをし、やわらかくなるまで煮る。

3 2に鶏肉、小松菜を加え、全体をつぶしながら煮て、牛乳を加え、とろみがつくまで煮る。

4 4つの密閉容器に軟飯を分けて入れ、それぞれにあら熱がとれた3をかけ、冷凍する。

> 食べるときは
> ふたかラップをして電子レンジで2〜3分チン！

!小麦

なすと牛肉の焼きうどん

とろっとしたなすに牛肉のうまみがしみこみます。いろいろな食感でかむ力も引き出します。

材料（4食分）

ゆでうどん
　……… 1 1/2玉強（320g）
なす……… 1 1/2本（120g）
牛赤身薄切り肉
　……………… 4枚（60g）
しいたけ…… 3個（45g）
ごま油………… 小さじ2
水………………… 1カップ

作り方

1 なすは皮をむいて水でぬらしてラップに包み、電子レンジで1分30秒加熱し、7〜8mm角に切る。しいたけは軸をとって5mm角に、牛肉は小さく刻む。うどんは2cm長さに切る。

2 鍋にごま油を中火で熱して牛肉、しいたけの順に炒め、なすも加えてサッと炒める。水を加えて2分煮たら、うどんを加えて汁がなくなるまで煮る。

3 2のあら熱がとれたら、4つの密閉容器に分けて入れ、冷凍する。

> 食べるときは
> ふたかラップをして電子レンジで2〜3分チン！

12〜18ヵ月ごろ

朝、昼、晩と、大人と同じ食事リズムになるころ。規則正しい食事は、生活習慣の基本です。"完成形"ワンボウルを活用して、1日3回の食事のリズムをしっかりと整えていきましょう。

> ⏱ 電子レンジでの加熱時間は、すべて3〜4分です。
> 電子レンジから取り出したら、必ず全体を混ぜ、冷たい部分が残っているようならようすを見ながら再加熱を。

!小麦 えび

グリーンピースとパプリカとえびのうどん

ぷりぷり、ほくほく、しゃっきり、もちもち！
さまざまな食感の違いを経験できるメニューです。

材料（4食分）

- ゆでうどん……… 2玉（400g）
- グリーンピース………… 1/2カップ（80g）
- 黄パプリカ……… 3/4個（90g）
- むきえび………… 4尾（60g）
- 長ねぎ………… 10cm（30g）
- だし汁…………… 1カップ

作り方

1. 長ねぎは1cm幅に、パプリカはヘタとタネを除いて1cm角に切る。グリーンピースは、生の場合はゆで、缶詰の場合はそのままで、薄皮をとる。えびは背ワタをとって1cm幅に切る。うどんは3cm長さに切る。
2. 鍋にだし汁、長ねぎ、パプリカ、グリーンピースを入れて煮る。野菜がやわらかくなったらえびを加え、色が変わったらうどんを加えて汁けがなくなるまで煮る。
3. 2のあら熱がとれたら、4つの密閉容器に分けて入れ、冷凍する。

ごぼうとさばのトマト煮ご飯

繊維が多く食べづらい印象のあるごぼうも、薄く切ってやわらかく煮ればかむ練習にぴったり。トマトにはグルタミン酸などのうまみがあり、ご飯がすすみます。

材料（4食分）

- ご飯……………………… 320g
- ごぼう…………… 1/2本（60g）
- さば……………… 1切れ（80g）
- トマト………… 中2/3個（80g）
- だし汁…………… 1カップ

作り方

1. ごぼうはよく洗って包丁の背で皮をこそげとり、3mm厚さの半月切りにして水にさらす。トマトは湯むきして横半分に切ってタネをとり、1cm角に切る。さばは骨を取り除いて1cm角に切る。
2. 鍋にだし汁とごぼうを入れて中火にかけ、ふたをしてやわらかくなるまで煮る。さば、トマトも加えてさらに2分煮る。
3. 4つの密閉容器にご飯を分けて入れ、それぞれにあら熱がとれた2をかけ、冷凍する。

Part **1**

12～18ヵ月ごろ

ワンボウル

食べるときは
ふたかラップをして電子レンジで3～4分チン！

食べるときは
ふたかラップをして電子レンジで3～4分チン！

39

食べるときは
ふたかラップをして電子レンジで3〜4分チン！

!小麦

ツナとしめじとズッキーニのパスタ

ツナ缶を汁ごと使った、うまみたっぷりのパスタ。
ツナは油漬け缶ではなく、必ず水煮缶を選んで。

材料（4食分）

フジッリ（ショートパスタ）
　……2カップ（120g）
ツナ水煮缶（ノンオイル）
　……1缶（80g）
しめじ
　……小1パック弱（80g）
ズッキーニ……½本（80g）
オリーブ油……大さじ½
玉ねぎ（1cm角切り）
　……大さじ2（20g）
水……⅔カップ

作り方

1 ズッキーニは1cm角に切り、しめじは石づきを除いてほぐして3cm長さに切る。フジッリは袋の表示時間どおりにゆでて2〜3cm長さに切る。

2 鍋にオリーブ油を中火で熱して玉ねぎを炒め、しんなりしてきたらズッキーニも加えて炒める。しめじとツナを缶汁ごと加えてサッと炒め、水を加えて全体がやわらかくなるまで煮たらフジッリを加えて混ぜ合わせる。

3 2のあら熱がとれたら、4つの密閉容器に分けて入れ、冷凍する。

納豆チャーハン

納豆と豚肉、植物性と動物性のタンパク質を合わせ、緑黄色野菜も入って、栄養たっぷり。

材料（4食分）

ご飯……320g
小粒納豆
　……1パック（40g）
長ねぎ……12cm（40g）
赤ピーマン
　……2⅔個（80g）
オクラ……8本（80g）
ごま油……大さじ½
豚赤身ひき肉
　……大さじ2⅔（40g）
水……½カップ

作り方

1 長ねぎは1cm角に、赤ピーマンはヘタとタネを除いて1cm角に、オクラはヘタを落として1cm幅に切る。

2 フライパンにごま油を熱して長ねぎを炒め、ひき肉を加えてポロポロになるまで炒めたら赤ピーマン、オクラ、納豆も加えてさらに炒める。

3 2に水を加えてやわらかくなるまで煮て、汁けが少なくなったらご飯を加えて炒め合わせる。

4 3のあら熱がとれたら、4つの密閉容器に分けて入れ、冷凍する。

食べるときは
ふたかラップをして電子レンジで3〜4分チン！

Part 1 12〜18ヵ月ごろ ワンボウル

じゃがいもの肉あんかけ

じゃがいもの下ごしらえはレンジにおまかせ。
じゃがいもをご飯にかえてもOK。

材料（4食分）

- じゃがいも……… 中4個（480g）
- 合いびき肉…… 大さじ5⅓（80g）
- 長ねぎ……… 10cm（30g）
- にんじん…… ½本（60g）
- いんげん…… 10本（80g）
- サラダ油……… 大さじ½
- しょうゆ……… 小さじ1
- A［片栗粉…小さじ2、水…小さじ4］
- 水……………… 1カップ

作り方

1. 長ねぎは1cm角に切り、にんじんは皮をむいて1cm角に、いんげんはヘタと筋をとって1cm幅に切る。じゃがいもは水でぬらして皮ごとラップに包み、電子レンジで4分加熱し、ひっくり返したらさらに3分加熱して皮をむいてつぶし、4つの密閉容器に分けておく。

2. 鍋にサラダ油を中火で熱して長ねぎを炒め、にんじん、いんげんを加えて炒めたら、ひき肉を加えてポロポロになるまで炒める。

3. 2に水を加え、ふたをしてやわらかくなるまで煮て、しょうゆを加える。混ぜ合わせたAでとろみをつけ、あら熱がとれたら1のじゃがいもに等分にかけ、冷凍する。

食べるときは
ふたかラップをして電子レンジで3〜4分チン！

!小麦

里いもとにんじんと高野豆腐のうどん

秋から冬に旬を迎える里いもは、食物繊維が豊富で、ねっとりとした食感と甘みが離乳食向き。便秘対策にも。

材料（4食分）

- ゆでうどん………… 2玉（400g）
- 里いも…… 小2個（80g）
- にんじん…… ⅔本（80g）
- 高野豆腐…………… 15g
- 長ねぎ……… 12cm（40g）
- だし汁………… 2カップ
- 青のり………… 小さじ2

作り方

1. 長ねぎは1cm幅に切る。里いもは皮をむいて1cm角に切って水にさらす。にんじんは皮をむいて1cm角に切り、高野豆腐は水でもどして1cm角に切る。うどんは3cm長さに切る。

2. 鍋にだし汁、長ねぎ、里いも、にんじん、高野豆腐を入れ、ふたをして中火でやわらかくなるまで煮て、うどんを加えて汁けがなくなるまで煮たら青のりをふり入れる。

3. 2のあら熱がとれたら、4つの密閉容器に分けて入れ、冷凍する。

食べるときは
ふたかラップをして電子レンジで3〜4分チン！

41

小麦 牛乳
赤ちゃんナポリタン

具材をバターで炒めて、風味豊かに仕上げます。
トマトピューレは無塩のトマトジュースで代用しても。

材料（4食分）

スパゲッティ ……… 120g
玉ねぎ …… 小1/6個（40g）
ピーマン … 1 1/3個（40g）
にんじん …… 1/3本（40g）
豚もも薄切り肉
　………… 5 1/3枚（80g）
バター ……………… 15g
トマトピューレ
　……… 1/3カップ（80g）

作り方

1 玉ねぎは3cm長さの細切りにする。ピーマンはヘタとタネを除き、にんじんは皮をむいて、豚肉は脂身を除いてそれぞれ3cm長さの細切りにする。スパゲッティは袋の表示どおりにゆでて3cm長さに切る。

2 フライパンにバターを熱し、玉ねぎをしんなりするまで炒めたら、にんじん、豚肉、ピーマンの順に炒める。火が通ったらスパゲッティもサッと炒め、トマトピューレを加えて混ぜ合わせる。

3 2のあら熱がとれたら、4つの密閉容器に分けて入れ、冷凍する。

> **食べるときは**
> ふたかラップをして電子レンジで3〜4分チン！

小麦 卵
白菜とたらとわかめの
かき玉うどん

冬においしい白菜とたらを、つるんと食べやすい
うどんと合わせて。ふんわり卵でとじたやさしい味。

材料（4食分）

ゆでうどん
　………… 2玉（400g）
白菜 ……… 小1枚（80g）
たら ……… 1/2切れ（50g）
乾燥わかめ
　………… 大さじ1（3g）
長ねぎ ……… 12cm（40g）
にんじん …… 1/2本（60g）
だし汁 ……… 1 1/4カップ
溶き卵 ……………… 1個分

作り方

1 長ねぎは1cm幅に、白菜は葉と芯に分けて1cm四方に切る。にんじんは皮をむいて1cm角に切る。わかめは水でもどして刻み、たらは皮と骨を除いて1cm角に切る。うどんは3cm長さに切る。

2 鍋にだし汁、長ねぎ、にんじん、白菜の芯を入れ、ふたをしてやわらかくなるまで煮たら、白菜の葉、たらも加えてほぐしながら煮る。

3 野菜に火が通ったらうどん、わかめを加えてサッと煮て、溶き卵を加えて火を通す。

4 3のあら熱がとれたら、4つの密閉容器に分けて入れ、冷凍する。

> **食べるときは**
> ふたかラップをして電子レンジで3〜4分チン！

!小麦 牛乳

鶏肉とブロッコリーの
かぼちゃクリームマカロニ

豆乳でまろやかさをプラスしたかぼちゃソース。
マカロニはサラダ用や早ゆでタイプを使っても◎。

材料（4食分）

マカロニ………………120g
ブロッコリー
　………小房8個（80g）
鶏もも肉……⅙枚（40g）
かぼちゃ………………100g
バター……………………15g
玉ねぎ（1cm角切り）
　………大さじ2（20g）
豆乳（無調整）…½カップ
水…………………1カップ

作り方

1　かぼちゃは皮とワタ、タネを除いて1cm厚さに切り、ブロッコリーは小さめの小房に分ける。鶏肉は皮と脂身を除いて1cm角に切る。マカロニは袋の表示どおりにゆで、2～3cmの長さに切る。

2　鍋にバターを中火で熱して玉ねぎを炒め、しんなりしたら鶏肉も加えて炒める。

3　鶏肉の色が変わったら、かぼちゃとブロッコリーも加えてさらに炒め、水を加えてふたをしてやわらかくなるまで煮る。へらなどで全体をつぶして豆乳を加え、ひと煮立ちさせる。

4　4つの密閉容器にマカロニを分けて入れ、それぞれにあら熱がとれた3をかけ、冷凍する。

> 食べるときは
> ふたかラップをして電子レンジで3～4分チン！

Part 1
12～18ヵ月ごろ
ワンボウル

!小麦

なすとえのきと白身魚の
焼きそば

淡泊な味わいの白身魚となすは、相性抜群！
ごま油の香りをきかせた、あっさり味の焼きそばです。

材料（4食分）

中華蒸し麺
　………2⅓玉強（360g）
なす………1½本（120g）
えのき
　…小1パック弱（80g）
白身魚（鯛、平目、カレイ
　など）……1切れ（80g）
ごま油…………大さじ½
水………………½カップ

作り方

1　なすはヘタを除き、皮をむいて水でぬらし、ラップに包んで電子レンジで約1分30秒加熱し、1cm角に切る。えのきは根元を切り落としてほぐし、2cm長さに切る。白身魚は皮と骨を取り除いて1cm角に切る。中華蒸し麺は3cm長さに切る。

2　鍋にごま油を中火で熱し、えのきを炒めて、しんなりしてきたら白身魚を加えて炒め、なす、水を加えてサッと煮る。火が通ったら、中華蒸し麺を加えて混ぜる。

3　2のあら熱がとれたら、4つの密閉容器に分けて入れ、冷凍する。

> 食べるときは
> ふたかラップをして電子レンジで3～4分チン！

43

> 食べるときは
> ふたかラップをして電子レンジで3〜4分チン！

> 食べるときは
> ふたかラップをして電子レンジで3〜4分チン！

鶏肉と野菜ときのこの炊きこみご飯

材料を切ったら、炊飯器におまかせ。鶏肉としいたけのだしをご飯にたっぷり吸わせます。

材料（4食分）
- 米 …………………… 1合
- 鶏もも肉 …… 1/3枚（80g）
- にんじん …… 1/2本（60g）
- いんげん …… 7 1/2本（60g）
- しいたけ …… 2 2/3個（40g）
- 水 …………………… 適量

作り方

1. 鶏肉は皮と脂身を除いて1cm角に切る。にんじんは皮をむいて5mm厚さの小さめのいちょう切りにし、いんげんはヘタと筋をとって1cm幅に切る。しいたけは軸をとってにんじんと同じくらいの大きさと形状に切る。

2. 炊飯器にといだ米を入れ、1合の目盛りまで水を注ぎ、にんじん、鶏肉、しいたけ、いんげんの順に平らにのせて普通に炊く。炊き上がったらさっくり混ぜる。

3. 2のあら熱がとれたら、4つの密閉容器に分けて入れ、冷凍する。

⚠ 小麦 牛乳
チンゲンサイとさけのクリームかけご飯

牛乳と相性のいいさけとチンゲンサイを、コクのあるホワイトシチューに。ご飯にもよく合います。

材料（4食分）
- ご飯 …………………… 320g
- 長ねぎ ……… 1/2本（60g）
- チンゲンサイ …………… 1/2株（100g）
- 生さけ …… 1/2切れ（40g）
- バター ………………… 15g
- 小麦粉 ………… 大さじ1 1/3
- 牛乳 …………… 1カップ

作り方

1. 長ねぎは1cm角に切り、チンゲンサイも根元を切り落として芯と葉に分け、1cm四方に切る。さけは皮と骨を除いて1cm角に切る。

2. 鍋にバターを熱し、中火で長ねぎを炒め、小麦粉を加えてさらに1分ほど炒める。チンゲンサイの芯、さけも加えてサッと炒めたら、牛乳を加える。煮立ったらチンゲンサイの葉を加えてとろみがつくまで煮る。

3. 4つの密閉容器にご飯を分けて入れ、それぞれにあら熱がとれた2をかけ、冷凍する。

> 食べるときは
> ふたかラップをして電子レンジで3〜4分チン！

> 食べるときは
> ふたかラップをして電子レンジで3〜4分チン！

Part 1
12〜18ヵ月ごろ
ワンボウル

あさりと白菜の トマトリゾット

鉄分やビタミンB12などを含み、栄養たっぷりなあさり。加熱するとかたくなるので一度取り出し、刻んで煮ます。

材料（4食分）
ご飯……………320g
あさり（砂ぬきずみ）
　………16個（約200g）
白菜………小1枚（80g）
トマト…小1個（100g）
水……………½カップ

作り方
1. 白菜は葉と芯に分けてそれぞれ1cm四方に切る。トマトは湯むきしてタネをとり、1cm角に切る。
2. 鍋に水とあさりを入れ、ふたをして中火にかける。あさりの口が開いたら取り出して身を刻む。
3. 2のあさりのだしが出た鍋に白菜の芯を加えてやわらかくなるまで煮たら、トマト、白菜の葉、ご飯を加えてひと煮立ちさせる。火を止めて2のあさりを戻し入れ、混ぜ合わせる。
4. 3のあら熱がとれたら、4つの密閉容器に分けて入れ、冷凍する。

!小麦 牛乳

チキンパングラタン

電子レンジだけで作れちゃうお手軽レシピ。ふんわりパンにとろ〜りチーズがよくからみます。

材料（4食分）
食パン（8枚切り）…5枚
鶏もも肉……¼枚（60g）
玉ねぎ……小½個（80g）
グリーンアスパラ
　…………5⅓本（80g）
バター……………15g
ピザ用チーズ
　……………大さじ4
水……………¼カップ

作り方
1. 玉ねぎは2cm長さの細切りにする。アスパラは根元を1cm切り落とし、根元のかたい皮をピーラーでむいて1cm幅に、鶏肉は皮と脂身を除いて1cm角に、食パンは1cm角に切る。
2. 耐熱ボウルに鶏肉、玉ねぎ、アスパラの順に入れてバターと水を加えてラップをし、電子レンジで3〜4分加熱する。
3. 2に食パンを加えて混ぜ合わせる。
4. 3のあら熱がとれたら、4つの密閉容器に分けて入れ、それぞれにピザ用チーズを等分にのせて、冷凍する。

45

Column

離乳食に便利なおすすめ食材

赤ちゃんに人気の食材や、ママの調理の手間を軽くしてくれる
お助け食材をピックアップ！ ぜひ日々の離乳食作りに活用してください。
※加熱すれば、7ヵ月ごろ以降にとり入れられる食材ですが、
赤ちゃんの成長や体調に合わせて使用してください。

完食率UPに

- バナナ、りんご、みかん
- さつまいも、かぼちゃ ※6ヵ月ごろからOK
- パプリカ
- 牛乳 ※加熱せずに飲ませてもいいのは1歳以上

甘みのある食材

赤ちゃんは、本能的に「甘み」を好みます。かぼちゃやさつまいも、パプリカなど自然な甘みのある食材はおすすめです。食べにくい食材も甘みのあるかぼちゃやさつまいもに混ぜこめば、格段に食べやすくなります。

フルーツの甘みを加えてみるのもいいでしょう。また、母乳やミルクが好きで、離乳食を食べたがらない子には、牛乳煮やクリーム系のグラタンなど、ミルク味にするのも効果的です。

中村先生おすすめ！
パプリカは肉厚で甘みがあり、色もきれい。栄養も豊富なので、わが家の離乳食でも大活躍です！やわらかく煮たり、細かく刻んだりして、食べやすくしてあげましょう。

あると安心！

- 高野豆腐、ひじき
- ツナ水煮缶
- クリームコーン缶

常備できる便利食材

買い物に行く時間がないほど忙しい日にも、長期保存ができる常備食材があれば安心です。高野豆腐やひじきなどの乾物、ツナ水煮缶やクリームコーン缶、大豆水煮缶などは、離乳食にも大活躍！

クリームコーン缶やツナ缶は、一度あけると日もちしないので、まとめて作る「フリージング離乳食」で使いきるのがおすすめです。

中村先生おすすめ！
クリームコーン缶は、甘みととろみが離乳食にぴったり！ 苦手食材を混ぜていっしょに食べさせるのにも◎。ただし、缶詰の塩分には気をつけて、塩分控えめや無塩のものを選ぶとよいでしょう。

Part 2

\ 完成形 /
おかず
フリージング離乳食

主菜となるおかずメニューを冷凍しておけば、
ご飯や汁ものを添えるだけでバランス献立のでき上がり♪
"手づかみ食べ"ができるメニューもたっぷりご紹介します。

完成形 おかず

ご飯ほか炭水化物 ＋ ビタミン・ミネラル ＋ タンパク質 ＋ 汁もの

\完成形/ おかず フリージング離乳食の いいところ

"完成形"おかずって どんなもの？

今すぐ食べられる"完成形"の状態に主菜を調理して冷凍してあるのが、この本で紹介する"完成形"おかずフリージング離乳食です。

ビタミン・ミネラル源となる野菜やくだもの、海藻類と、タンパク質源である肉や魚、大豆製品、乳製品などを組み合わせた、メインのおかず（主菜）となるメニューです。

この主菜にご飯や汁ものなどを添えれば、バランスのよい献立のでき上がりです。

いいところ1
バラエティー豊かな主菜メニューで、マンネリ打破！

「やわらかく、食べやすく調理しなきゃ！」と思うと、手軽なおじやメニューに偏りがちです。また、3回食にステップアップすると、3食の作り分けに頭を悩ませることも。

フリージングで和風、洋風、中華とテイストもさまざまな「完成形おかず」を冷凍庫にストックしておけば、そんな悩みも解決！

おかずフリージングの注意点
形状に合わせて保存容器を使い分けて

煮ものや炒めものなどは、電子レンジOKのふたつき密閉容器に入れるか、シリコンカップに入れてラップをかけて冷凍し、凍ったらフリーザーバッグに入れて保存します。手づかみ食べメニューは1食分ずつラップに包んでフリーザーバッグに入れて冷凍し、加熱時はそのままラップごと耐熱皿にのせて電子レンジで加熱します。ただし、冷凍・加熱方法が異なるレシピもあります。各レシピの作り方と「食べるときは」をご確認ください。

加熱時間はレシピによって異なります。電子レンジの機種によっても温まり方が違うので、目安時間を参考にようすを見ながら調節し、完全に加熱できたことを確認してください。

※フリージング離乳食のお約束（P10〜13）もご参照ください。

"完成形"おかずフリージング離乳食をメインに

「ピーマンの肉詰め」のレシピは66ページで紹介

レンジでチン！

おかゆや軟飯!!

スープは取り分け！

いいところ2
おかゆやスープをプラスすれば献立も簡単に

主菜ができていれば、献立作りは簡単！汁ものは、大人用のみそ汁の上澄みをとったり、味つけ前のスープを取り分けたりして用意。副菜はゆでた野菜や、くだものを添えるだけでも十分です。これに、おかゆやパンなど、メニューに合わせた主食を用意すれば、一汁二菜の理想的ごはんの完成です。

Part 2 おかず

いいところ3
赤ちゃんが自分で食べられる手づかみ食べメニューもたくさん

9ヵ月以降になると、ママにスプーンで食べさせてもらうばかりでなく、自分で食べる「手づかみ食べ」も大切になってきます。赤ちゃんの小さな手でも持ちやすく、時期に合ったかたさで食べやすい 手づかみ食べメニュー は、「完成形おかず」の真骨頂！ バラエティー豊かなメニューをそろえました。

手づかみ食べってどうして必要？

赤ちゃんは、手づかみ食べを通して指先や唇で食べ物の温度や感触を感じ、食事の形状に合わせた食べ方を学びます。落としたり、握りつぶしたり、ときには投げたりすることもありますが、それもすべて赤ちゃんにとっては食べる練習です。詰めこみすぎてむせてしまうこともありますが、そうした経験から徐々に自分のひと口量を覚えていきます。

手づかみ食べは、「食べさせてもらう食事」から「自分で食べる食事」への大切なステップ。9ヵ月を過ぎたら、ぜひ積極的にとり入れていきましょう。

⚠ 手づかみ食べメニューは丸のみに注意！

食べるのが早い子は、咀しゃくしないで丸のみをしている可能性が。丸のみすると、気道に食べ物を詰まらせ、窒息する危険が伴います。特に口の中にポンと丸ごと入る大きさや球状の食べ物には注意が必要です。きちんとモグモグ、ゴックンができているか確認しましょう。また、舌や歯ぐきでつぶせないかたい食材も丸のみ要素のひとつ。与える食材のかたさにも気をつけましょう。

「食べたい！」気持ちを引き出すことを大切に

「完成形おかず」のメニューを考えるときに大事にしたのは、赤ちゃんの食べる意欲をかき立てるようなレシピにすることでした。相性のいい素材を組み合わせて、食べておいしいことはもちろん、彩りや形にもこだわりました。

離乳食の期間は短いけれど、これからずっと続いていく食生活のなかで、自分で食べる意欲を育てるのは、とても大切なこと。

赤ちゃんの「食べてみたい！」というやる気をのばしてあげたいから、手づかみ食べにも力を入れてたくさんご紹介しています。どれもわが家の2人の子どもたちがよく食べた、人気メニューばかりです。

7〜8カ月ごろ

鶏ささみや赤身魚など、食べられる食材のバリエーションが広がります。野菜と良質なタンパク質を組み合わせた"完成形"おかず離乳食で、食材の味や食感の違いを体験させてあげましょう。

> 電子レンジでの加熱時間は、すべて30秒〜1分です。
>
> 電子レンジから取り出したら、必ず全体を混ぜ、冷たい部分が残っているようならようすを見ながら再加熱を。

なすとトマトとささみのマリネ

とろとろのなすとみずみずしいトマトが、ほぐした鶏ささみにからんで食べやすい！ さっぱりサラダ仕立ての一品です。

材料（4食分）

- なす……………… 1本（80g）
- トマト………… 中1/3個（40g）
- 鶏ささみ………… 1本（40g）
- オリーブ油………… 小さじ1

作り方

1. なすはヘタと皮を除いて、水にぬらしてラップに包み、電子レンジで約1分加熱し、みじん切りにする。トマトは湯むきしてタネをとり、みじん切りにし、オリーブ油を混ぜ合わせる。鶏ささみはトマトと同じ湯でゆでて、みじん切りにする。
2. 1のあら熱がとれたら、4つの容器にそれぞれ盛り合わせ、冷凍する。

×4

さつまいもとしらすのオレンジ煮

さつまいものほっくりとした甘さに、オレンジジュースの酸味をきかせて。しらすのほのかな塩けが、よりいっそうさつまいもの甘みを際立てます。

材料（4食分）

- さつまいも…… 小2/3本（80g）
- しらす干し ………… 1/3カップ強（40g）
- オレンジジュース… 1/4カップ
- 水 ………………… 1/3カップ

作り方

1. さつまいもは皮をむいて1cm厚さに切り、水にさらす。しらすは熱湯に5分ほどつけて塩ぬきする。
2. 鍋にさつまいも、オレンジジュース、水を入れ、ふたをして中火でやわらかくなるまで煮る。さつまいもに火が通ったらしらすも加えてひと煮し、全体をつぶす。
3. 2のあら熱がとれたら、4つの容器に分けて入れ、冷凍する。

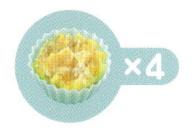

×4

★シリコンカップのサイズは？★

直径8cmくらいのシリコンカップが、この時期のおかずフリージング離乳食にぴったりのサイズ。凍ったら、カップからはずしてフリーザーバッグに移して保存しましょう。

食べるときは
ラップをして電子レンジで30秒〜1分チン！

食べるときは
ラップをして電子レンジで30秒〜1分チン！

Part 2
7〜8カ月ごろ
おかず

51

食べるときは
ラップをして電子レンジで30秒〜1分チン!

食べるときは
ラップをして電子レンジで30秒〜1分チン!

春雨ツナサラダ

カラフルな色みが楽しめるサラダ。春雨やゆでた野菜はしっかり水けをきるのがおいしさの秘訣です。

材料（4食分）

春雨……………………20g
ツナ水煮缶（ノンオイル）
　……………½缶（40g）
キャベツ………1枚（60g）
赤パプリカ…⅓個（40g）

作り方

1 春雨はやわらかくなるまで煮て、みじん切りにする。キャベツは芯の部分を除く。パプリカはヘタとタネを除く。ツナは軽く汁けをきっておく。

2 鍋に湯を沸かし、1のキャベツ、パプリカをやわらかくゆでてから、それぞれみじん切りにする。

3 4つの容器に、1の春雨、ツナ、2をそれぞれ盛り合わせ、冷凍する。

まぐろとオクラのとろみ煮

オクラの粘りを利用して、赤ちゃんが食べやすいとろっとした食感に仕上げました。

材料（4食分）

まぐろ赤身（刺身用）
　…………4切れ（60g）
オクラ………4本（40g）
長ねぎのみじん切り
　………大さじ1（10g）
水……………½カップ

作り方

1 オクラはヘタを落とし、縦半分に切ってタネを除き、みじん切りにする。

2 鍋に水、長ねぎを入れて煮立たせ、オクラ、まぐろを加えて煮て、全体をつぶす。

3 2のあら熱がとれたら、4つの容器に分けて入れ、冷凍する。

食べるときは
ラップをして電子レンジで30秒〜1分チン！

食べるときは
ラップをして電子レンジで30秒〜1分チン！

Part 2
7〜8ヵ月ごろ
おかず

さけのみぞれ煮

大根おろしの水分だけでさけを煮るから、うまみを逃がしません。香りのよい青のりをふって仕上げます。

材料（4食分）
生さけ……½切れ（40g）
大根…………4cm（120g）
青のり……………少々

作り方
1 大根は皮をむいてすりおろす。さけは皮と骨を除く。
2 鍋に1を入れて中火で煮て、火が通ったらさけをつぶす。
3 2のあら熱がとれたら、4つの容器に分けて入れ、それぞれに青のりをふって、冷凍する。

納豆と玉ねぎとおぼろ昆布のあえもの

ゆでて甘みを引き出した玉ねぎに、納豆とおぼろ昆布をのせるだけ。おかゆにかけて食べるのもおすすめ。

材料（4食分）
ひきわり納豆
　………2パック（60g）
玉ねぎ……大¼個（60g）
おぼろ昆布（ざっと刻む）
　……………小さじ2

作り方
1 玉ねぎはやわらかくゆでてみじん切りにする。
2 1のあら熱がとれたら、4つの容器に分けて入れ、それぞれに納豆を盛り、おぼろ昆布をのせて、冷凍する。

!小麦
麩とトマトとブロッコリーのうま煮

麩は、小麦タンパク質のグルテンを焼いたもの。常備しておくと、手軽にタンパク質がプラスできて便利。

材料（4食分）
- 小町麩……………… 12個
- トマト…… 中1/2個（60g）
- ブロッコリー ……… 小房4個（40g）
- だし汁………… 1/2カップ

作り方
1. 麩は水でもどして水けをしぼり、みじん切りにする。トマトは湯むきしてタネをとる。
2. 鍋にだし汁を入れて煮立たせ、ブロッコリーを加えてふたをして中火で煮る。ブロッコリーがやわらかくなったら、トマトを加えて全体をつぶし、麩を加えてひと煮する。
3. 2のあら熱がとれたら、4つの容器に分けて入れ、冷凍する。

食べるときは ラップをして電子レンジで30秒〜1分チン！

!小麦 牛乳
パプリカと鶏肉のシチュー

炒めた野菜に小麦粉をまとわせて牛乳を注げば、本格ホワイトソースが手軽に完成します。

材料（4食分）
- 黄パプリカ… 2/3個（80g）
- 鶏ささみひき肉 …… 大さじ1 1/3（20g）
- 玉ねぎのみじん切り ……… 大さじ4（40g）
- バター………………… 5g
- 小麦粉………… 小さじ2
- 牛乳…………… 1/3カップ

作り方
1. パプリカはヘタとタネを除き、みじん切りにする。
2. 鍋にバターを中火で熱して玉ねぎを炒め、しんなりしてきたらパプリカも加えて炒め、小麦粉を加えてさらに1分炒める。
3. 2にひき肉を加えてポロポロになるまで炒めたら、牛乳を加えてとろみがつくまで煮る。
4. 3のあら熱がとれたら、4つの容器に分けて入れ、冷凍する。

食べるときは ラップをして電子レンジで30秒〜1分チン！

里いもとツナののりサラダ

ねっとり食感で、ボリューム満点のサラダ。

材料（4食分）
- 里いも … 小3個 (120g)
- ツナ水煮缶（ノンオイル） …………… ½缶 (40g)
- 焼きのり ………… 少々

作り方
1. 里いもは水洗いして泥を落として横半分に切る。耐熱皿にのせてラップをし、電子レンジで2分加熱してひっくり返し、さらに1分30秒加熱して皮をむき、フォークなどでつぶし、ちぎったのりを混ぜる。
2. 1のあら熱がとれたら、4つの容器に分けて入れ、それぞれに汁けを軽くきったツナをのせ、冷凍する。

食べるときは　ラップをして電子レンジで30秒〜1分チン！

Part 2　7〜8ヵ月ごろ　おかず

れんこんと鶏肉とわかめのとろみ汁

すりおろしたれんこんで自然なとろみがついたスープ。

材料（4食分）
- れんこん … 中½節 (80g)
- 鶏ささみひき肉 …… 大さじ2⅔ (40g)
- 乾燥わかめ ………… 小さじ1 (1g)
- 水 …………… ½カップ

作り方
1. れんこんは皮をむいてすりおろし、わかめは水でもどしてみじん切りにする。
2. 鍋に水、ひき肉を入れて煮立たせ、1のれんこんを加えてとろみがつくまで中火で煮たら、わかめを加えて混ぜる。
3. 2のあら熱がとれたら、4つの容器に分けて入れ、冷凍する。

食べるときは　ラップをして電子レンジで30秒〜1分チン！

りんごとしめじとさけのサラダ

赤ちゃんも食べやすいさけは、りんごとも好相性です。

材料（4食分）
- りんご ……… ¼個 (60g)
- しめじ … 小½パック弱 (40g)
- 生さけ …… ½切れ (40g)

作り方
1. りんごは皮と芯を除いて水でぬらしてラップに包み、耐熱皿にのせて電子レンジで1分〜1分30秒加熱し、フォークなどでつぶす。しめじは石づきをとる。
2. 鍋に湯を沸かして、しめじをゆで、みじん切りにする。同じ湯でさけもゆで、骨と皮を除いてみじん切りにする。
3. りんご、しめじ、さけのあら熱がとれたら、4つの容器にそれぞれ盛り合わせ、冷凍する。

食べるときは　ラップをして電子レンジで30秒〜1分チン！

9〜11ヵ月ごろ

手づかみ食べにもチャレンジ！持ちやすく、口に運びやすい形のメニューで、赤ちゃんの自分で食べたい気持ちをぐんぐんのばします。歯ぐきでつぶせるかたさに調理し、咀しゃくを促しましょう。

加熱時間の目安

写真に"手づかみ"マークのあるレシピは、すべて30秒〜1分です。それ以外のレシピは、1分〜1分30秒加熱してください。電子レンジから取り出したら、必ず全体を混ぜ、冷たい部分が残っているようならようすを見て再加熱を。

かぶと牛肉のすき煮風

牛肉のしっかりとしたうまみと、淡泊なかぶと白菜の組み合わせは相性抜群。素材の味を生かした和の煮ものです。

材料（4食分）

- かぶ………… 1⅓個（80g）
- 牛もも薄切り肉 ………… 3〜4枚（60g）
- 白菜………… 小½枚（40g）
- だし汁………… 1¼カップ
- 片栗粉………… 小さじ1（3g）

作り方

1. かぶは茎を落として皮をむき、5mm角に、白菜は葉と芯を分けて5mm四方に切る。牛肉は5mm四方に切って片栗粉をふっておく。
2. 鍋にだし汁とかぶ、白菜の芯を入れ、ふたをして中火で煮て、やわらかくなったら牛肉、白菜の葉を加えてとろみがつくまで煮る。
3. 2のあら熱がとれたら、4つの密閉容器に分けて入れ、冷凍する。

×4

さけと山いもお焼き

加熱した山いもはほこほこ、もっちりした食感。火を使わず、電子レンジだけで作れるお手軽レシピです。

材料（4食分）

- 生さけ………… ¾切れ（60g）
- 山いも………… 小½本（120g）
- 万能ねぎ………… 2本（8g）

作り方

1. さけは骨と皮を除いて、包丁でたたく。山いもは皮をむいてすりおろし、万能ねぎは小口切りにする。
2. 1をよく混ぜ合わせて直径20cmくらいの耐熱皿に広げてラップをし、電子レンジで2〜3分加熱する。
3. 2のあら熱がとれたら2cm四方くらいに切り、4等分にして1食分ずつラップに包み、冷凍する。

×4

56

Part 2

9~11ヵ月ごろ

おかず

食べるときは
ふたかラップをして電子レンジで1分~1分30秒チン！

\ 手づかみ /

食べるときは
ラップをしたまま耐熱皿にのせて電子レンジで30秒~1分チン！

57

> 食べるときは
> ラップをしたまま耐熱皿にのせて電子レンジで30秒〜1分チン！ のどに詰まらせないよう注意！

手づかみ

!牛乳

にんじんとりんごの豚肉巻き

野菜、くだもの、肉のおいしい組み合わせ。
片栗粉を使うことで、まとまりもよくなります。

材料（4食分）

にんじん……⅓本（40g）
りんご………⅙個（40g）
豚赤身薄切り肉
　………3〜4枚（60g）
片栗粉………………適量
バター…………………10g
水………………大さじ1

作り方

1 豚肉は脂身を除いて長さを2〜3等分に切る。にんじんは皮をむいて4cm長さ、5mm角の棒状に切る。りんごは皮と芯を除き、ラップに包んで電子レンジで1分加熱し、にんじんと同様に切る（豚肉1枚につき、にんじんとりんごが各2本ずつになるように、本数を合わせる）。

2 小鍋に1のにんじんを入れ、かぶるくらいの水を注いでやわらかくなるまでゆでる。

3 豚肉を広げて置き、片栗粉をふって、1枚ににんじんとりんごを2本ずつ交互に並べてのせ、手前から巻き、表面にも片栗粉をふる。

4 フライパンにバターを中火で熱し、3を巻き終わりを下にして並べて転がしながら焼き、水を加えて火を通す。

5 4のあら熱がとれたら、4等分して1食分ずつラップに包んで冷凍する。食べるときに長さを半分に切る。

×4

あじのラタトゥイユ風

水を加えず、トマトの水分だけでじっくり煮ます。
魚をおいしく味わえるレシピです。

材料（4食分）

あじ（三枚おろし）
　…………1尾分（60g）
玉ねぎ……小¼個（40g）
ズッキーニ…¼本（40g）
トマト……中⅔個（80g）
オリーブ油……小さじ1

×4

作り方

1 あじは小骨を除いて5mm角に切る。玉ねぎ、ズッキーニも5mm角に切り、トマトは湯むきしてタネをとり、7〜8mm角に切る。

2 フライパンにオリーブ油を中火で熱し、玉ねぎをしんなりするまで炒めたら、ズッキーニ、あじの順に加えて炒め、トマトも加え、ふたをしてとろりとするまで蒸し煮にする。

3 2のあら熱がとれたら、4つの密閉容器に分けて入れ、冷凍する。

> 食べるときは
> ふたかラップをして電子レンジで1分〜1分30秒チン！

58

Part 2
9〜11ヵ月ごろ
おかず

まめまめポテトサラダ

きれいな緑色のグリーンピースは栄養もたっぷり。
ほくほく食感のアレンジポテトサラダ。

材料（4食分）

グリーンピース
　……⅓カップ強（60g）
じゃがいも
　……… 小1個（100g）
ツナ水煮缶（ノンオイル）
　…………… ½缶（40g）

×4

作り方

1 じゃがいもは皮ごと水にぬらしてラップに包み、電子レンジで2分加熱し、ひっくり返してさらに1分加熱する。グリーンピースは生の場合はやわらかめにゆで、缶詰の場合はそのままで、薄皮をむく。ツナは汁けを軽くきっておく。

2 じゃがいもの皮をむき、グリーンピースとともにつぶしながら混ぜ、ツナも加えて全体を混ぜ合わせる。

3 2のあら熱がとれたら、4つの密閉容器に分けて入れ、冷凍する。

食べるときは
ふたかラップをして電子レンジで1分〜1分30秒チン！

手づかみ

食べるときは
ラップをしたまま耐熱皿にのせて電子レンジで30秒〜1分チン！ 丸のみしないよう注意！

⚠ 小麦
さつまいもと納豆のお焼き

かつお節の香りとだしが隠し味。やわらかな食感と素朴な味わいで、「あと1つ！」と、食がすすみます。

材料（4食分）

さつまいも
　……… 小1本（120g）
極小粒納豆
　……… 2パック（60g）
A［かつお節、小麦粉
　…各小さじ2］
サラダ油……… 小さじ1

作り方

1 さつまいもは1cm厚さに切って皮をむき、水に10分ほどつけておく。

2 鍋にさつまいもを入れ、かぶるくらいの水を注いで火にかけ、やわらかくなるまで中火でゆでてざるに上げる。

3 ボウルに2のさつまいもを入れてつぶし、納豆、Aを加えて混ぜる。

4 フライパンにサラダ油を中火で熱し、3をティースプーンで1杯ずつ、小さく落とし、両面こんがりと焼く。

5 4のあら熱がとれたら、4等分にして1食分ずつラップに包み、冷凍する。

×4

\手づかみ/

かつおのわかめバーグ

海の恵みで作る魚ハンバーグ。わかめと長ねぎをたねに混ぜ、ふっくらやわらかく焼き上げます。

材料（4食分）
かつお（刺身用）
　……… 6切れ（60g）
乾燥わかめ
　……… 小さじ1（1g）
A ［長ねぎのみじん切り…大さじ1（10g）、片栗粉…大さじ1⅓］
ごま油………… 小さじ1

作り方
1. かつおは包丁でたたく。わかめは水でもどして刻む。
2. ボウルに1とAを混ぜ合わせ、16等分にして平たい円形に成形する。
3. フライパンにごま油を中火で熱し、2を両面色よく焼く。
4. 3のあら熱がとれたら、4つずつラップに包み、冷凍する。

×4

食べるときは
ラップをしたまま耐熱皿にのせて電子レンジで30秒〜1分チン！ 丸のみしないよう注意！

鶏肉とにんじんの桃あえ

しっとりゆでた鶏とにんじんを、甘みのある桃のソースにからめていただきます。

材料（4食分）
鶏むね肉…… ¼枚（60g）
にんじん…… ⅔本（80g）
白桃缶（2つ割り）
　……… 1⅓切れ（80g）

×4

作り方
1. にんじんは皮をむいて1cm厚さに切る。桃は汁けをきって、サッと水洗いしてつぶす。
2. 小鍋ににんじんを入れてかぶるくらいの水を注ぎ、中火でやわらかくなるまでゆでる。途中、鶏肉も加えていっしょにゆで、取り出す。
3. にんじん、鶏肉は5mm角に切る。
4. 4つの容器に1の桃、3のにんじん、鶏肉をそれぞれ盛り合わせ、冷凍する。

食べるときは
ふたかラップをして電子レンジで1分〜1分30秒チン！

かぼちゃの鶏ひき肉ほうれんそうあんかけ

ほうれんそうなど葉野菜は、とろみをつけると食べやすさがアップ！

材料（4食分）
- かぼちゃ……………120g
- 鶏むねひき肉………大さじ4（60g）
- ほうれんそうの葉………8枚（40g）
- ごま油……………小さじ1
- A［片栗粉…小さじ1、水…小さじ2］
- 水……………1/2カップ

作り方
1. かぼちゃはタネとワタを除いてラップに包み、電子レンジで2〜3分加熱し、皮を除いてつぶす。ほうれんそうはゆでて、2cm長さに切る。
2. 鍋にごま油を中火で熱して、ひき肉を炒め、水を加えて1〜2分煮、ほうれんそうも加えてサッと煮たら、混ぜ合わせたAでとろみをつける。
3. 4つの密閉容器に1のかぼちゃを分けて入れ、それぞれにあら熱がとれた2をかけ、冷凍する。

×4

食べるときは ふたかラップをして電子レンジで1分〜1分30秒チン！

Part 2　9〜11ヵ月ごろ　おかず

麩の青のりチーズピカタ

!小麦　卵　牛乳

かわいい小町麩の形をそのまま生かしたアイデアレシピ。

材料（4食分）
- 小町麩……………16個
- A［溶き卵…1個分、粉チーズ…小さじ2、青のり…小さじ1］
- バター……………5g

作り方
1. ボウルにAを混ぜ合わせ、麩を加えてからめる。
2. フライパンにバターを中火で熱し、1を並べて両面焼く。ボウルに残った卵液は上からかけて使いきる。
3. 2のあら熱がとれたら、4個ずつラップに包み、冷凍する。

×4

食べるときは ラップをしたまま耐熱皿にのせて電子レンジで30秒〜1分チン！　丸のみしないよう注意！

手づかみ

豚肉しいたけボール

豚肉のコクとしいたけの風味のハーモニーがおいしい！

材料（4食分）
- 豚赤身ひき肉………大さじ4（60g）
- しいたけ…2 2/3個（40g）
- 片栗粉………大さじ1 1/3
- ごま油……………少々

作り方
1. しいたけは軸をとって、5mm角に切る。
2. ボウルにひき肉と片栗粉を入れてよく練り混ぜ、1を加えて混ぜ合わせたら、直径2cmくらいのボール状に成形する。
3. 耐熱皿にごま油を薄く塗り、2をくっつかないように並べてラップをかけ、電子レンジで1〜2分加熱する。
4. 3のあら熱がとれたら、4等分して1食分ずつラップに包み、冷凍する。

×4

食べるときは ラップをしたまま耐熱皿にのせて電子レンジで30秒〜1分チン！　丸のみしないよう注意！

手づかみ

12～18ヵ月ごろ

ほとんどの食材が食べられるようになる時期。この時期からは揚げものも解禁に！ 調理の幅も広がります。自分で食べる練習のために、手づかみ食べは引き続き大切。積極的にとり入れましょう。

加熱時間の目安

メニューによって解凍時間が異なります。それぞれの写真に添えてある電子レンジ加熱の時間を目安にして。

!牛乳

バナナの牛肉巻き

火を通したバナナは、とろっと甘くて赤ちゃん好み。
かみ切りづらい牛肉も、バナナのとろみで食べやすさアップ！

材料（4食分）

- バナナ……………… 小1本（80g）
- 牛もも薄切り肉 …………… 5～6枚（80g）
- 片栗粉………………………… 適量
- バター………………………… 5g
- 水 ………………………… 大さじ1

作り方

1. バナナは4cm長さ、1cm角の棒状に切る。牛肉はバナナの本数に合わせて5～6cm長さに切って広げ、片栗粉をふる。
2. 牛肉の手前にバナナを置き、くるくると巻いて表面にも片栗粉をふる。
3. フライパンにバターを中火で熱し、2を巻き終わりを下にして並べ、転がしながら焼く。仕上げに水を注ぎ、水分がなくなるまで火を通す。
4. 3のあら熱がとれたら、4等分して1食分ずつラップに包み、冷凍する。

×4

!牛乳

カリフラワーの
クリームコーングラタン

クリームコーンをソースとして活用すれば、素材をゆでるだけであっというまに完成。食べるときは、トースターでこんがり焼いて。

材料（4食分）

- カリフラワー ……………… 小1/3個弱（120g）
- クリームコーン缶 …………… 小1/2缶弱（90g）
- 生さけ…………… 3/4切れ（60g）
- ピザ用チーズ………… 大さじ2

作り方

1. カリフラワーは小房に分けてゆで、1cm角に切る。同じ湯でさけもゆで、骨と皮を除いて粗くほぐす。
2. 4つの容器に混ぜ合わせた1を分けて入れ、それぞれにクリームコーン、チーズを等分にのせて冷凍する。

×4

Part 2 12〜18カ月ごろ おかず

食べるときは
ラップをしたまま耐熱皿にのせて電子レンジで30秒〜1分チン！ のどに詰まらせないよう注意！

/ 手づかみ /

食べるときは
耐熱容器に移しかえ、予熱したオーブントースターで焼く。表面がこんがり色づいてきたらアルミホイルをかぶせ、5分焼く。

63

食べるときは
ふたかラップをして電子レンジで1分30秒〜2分チン！

|手づかみ|

食べるときは
ふたかラップをして電子レンジで1分30秒〜2分チン！　丸のみしないよう注意！

赤ちゃん肉じゃが

定番家庭料理の離乳食バージョンは
素材の持ち味が調和する、やさしいおいしさ。

材料（4食分）

豚赤身薄切り肉
　………5〜6枚（80g）
玉ねぎ……小¼個（40g）
にんじん……⅓本（40g）
じゃがいも
　…………中⅔個（80g）
いんげん……5本（40g）
サラダ油………小さじ1
だし汁…………1カップ

作り方

1 豚肉は脂身を除き、1cm四方に切る。玉ねぎ、にんじん、じゃがいもは皮をむき1cm角に切り、じゃがいもは水にさらす。いんげんはヘタと筋を除き、1cm幅に切る。

2 鍋にサラダ油を中火で熱し、玉ねぎをサッと炒める。さらに豚肉、にんじん、水けをきったじゃがいも、いんげんの順に炒めてだし汁を加えてふたをし、やわらかくなるまで煮て、じゃがいもをつぶす。

3 2のあら熱がとれたら、4つの密閉容器に分けて入れ、冷凍する。

×4

⚠小麦
ブロッコリーの
トマト煮こみバーグ

ブロッコリーの形を生かした変わりハンバーグ。
前歯でひと口量をかじりとる練習にもおすすめ。

材料（4食分）

合いびき肉
　……大さじ5⅓（80g）
玉ねぎ……小¼個（40g）
ブロッコリー
　…小房（直径2〜3cm）
　16個（160g）
小麦粉………………少々
パン粉………大さじ1⅓
トマトジュース（無塩）
　………………½カップ
水………………½カップ

作り方

1 玉ねぎはみじん切りにしてボウルに入れ、ひき肉、パン粉とともによく練り混ぜる。

2 ブロッコリーに小麦粉をまぶし、1で茎を包むように成形する。

3 鍋にトマトジュースと水を入れて煮立たせ、2を加えてふたをし、やわらかくなるまで煮る。

4 3のあら熱がとれたら、4つの密閉容器に分けて入れ、冷凍する。

×4

> 食べるときは
> ふたかラップをして電子レンジで1分30秒〜2分チン！

> 食べるときは
> ラップをしたまま耐熱皿にのせて電子レンジで30秒〜1分チン！

Part 2　12〜18ヵ月ごろ　おかず

｜手づかみ｜

あじのつみれ汁

あじのつみれは、長ねぎを混ぜ合わせることで風味がアップ！　青魚の臭みもおさえられます。

材料（4食分）

- あじ（三枚おろし）……大1尾分（80g）
- A［長ねぎのみじん切り…大さじ1（10g）、片栗粉…小さじ2］
- にんじん……1/3本（40g）
- 小松菜………1株（40g）
- だし汁…………2カップ

作り方

1. あじは小骨を除き、包丁でたたいてAを練り混ぜて直径1.5cmくらいにまるめて、つみれを作る。にんじんは皮をむいて3〜4mm厚さのいちょう切りに、小松菜は根元を切り落として、茎は1cm幅、葉は1cm四方に切る。
2. 鍋にだし汁、にんじんを入れてふたをし、中火でやわらかくなるまで煮る。
3. 1のつみれ、小松菜の茎を加えてさらに火が通るまで煮、最後に小松菜の葉を加えて1分煮る。
4. 3のあら熱がとれたら、4つの密閉容器に分けて入れ、冷凍する。

×4

！牛乳
たらのひと口コロッケ風

たらとマッシュポテトは相性のいい組み合わせ。コーンフレークのころもをつけて、揚げずに作ります。

材料（4食分）

- たら……小1切れ（80g）
- じゃがいも………中1個（120g）
- バター……………5g
- パセリのみじん切り……………大さじ1
- コーンフレーク（砂糖不使用）………1/2カップ（10g）

作り方

1. じゃがいもは皮ごと水でぬらしてラップに包み、電子レンジで約2分加熱し、ひっくり返してさらに1分加熱し、皮をむく。たらはバターとともに耐熱皿にのせてラップをし、電子レンジで1分〜1分30秒加熱して皮と骨を除く。
2. ボウルに、1のじゃがいもとたらを入れてフォークなどでつぶし、パセリを加えて混ぜ合わせ、4〜5cm長さの俵形に成形する（1食3〜4個くらい）。
3. コーンフレークを手で粗く砕き、2の表面に張りつける。
4. 3を4等分して1食分ずつラップに包み、冷凍する。

×4

65

|手づかみ|

食べるときは
ラップをしたまま
耐熱皿にのせて
電子レンジで30
秒～1分チン！

!小麦 牛乳
ピーマンの肉詰め

ピーマンの内側に小麦粉をサッとふると、肉だねがはがれず、手づかみしたときに落ちにくくなります。

材料（4食分）
- ピーマン（赤、緑） ……… 1cm幅の輪切り 12切れ（40g）
- A ［合いびき肉…大さじ5⅓（80g）、玉ねぎのみじん切り…大さじ1（10g）、パン粉…大さじ1⅓］
- 小麦粉……………少々
- バター………………5g
- 水……………大さじ1

作り方
1. ピーマンの内側に小麦粉をふり、練り混ぜたAを等分に詰める。
2. フライパンにバターを中火で熱し、1を並べて軽く焼き色がついたら水を加えてふたをし、2分蒸し焼きにする。
3. 2のあら熱がとれたら、3個ずつラップに包み、冷凍する。

×4

ベビーぶり大根

ぶりは煮すぎるとかたくなるので注意。大根がやわらかくなってから、ぶりを加えて煮るのがコツです。

材料（4食分）
- ぶり ……… 1切れ（80g）
- 大根 ………… 4cm（120g）
- だし汁 ………… 1カップ

×4

作り方
1. ぶりは沸騰したお湯にサッとくぐらせ、皮と骨を除いて1cm角に切る。大根も皮をむいて1cm角に切る。
2. 鍋にだし汁と大根を入れ、ふたをして中火で3分煮たら、ぶりも加えて火を通す。
3. 2のあら熱がとれたら、4つの密閉容器に分けて入れ、冷凍する。

食べるときは
ふたかラップをして電子レンジで
1分～1分30秒
チン！

れんこん肉だんごとにんじんの煮もの

すりおろしれんこんで、もっちりした食感に。

材料（4食分）
A[鶏むねひき肉…大さじ5⅓（80g）、玉ねぎのすりおろし…大さじ1（10g）、れんこんのすりおろし…大さじ4（60g）]
にんじん……⅓本（40g）
だし汁…………1カップ

作り方
1. Aは練り混ぜて12等分し、だんご状にまるめる。にんじんは皮をむいて1cm厚さに切る。
2. 鍋にだし汁とにんじんを入れて、中火でやわらかくなるまで煮たら、1の肉だんごも加えてさらに火を通す。
3. 2のあら熱がとれたら、4つの密閉容器に分けて入れ、冷凍する。

手づかみ

Part 2
12〜18ヵ月ごろ
おかず

食べるときは
ふたかラップをして電子レンジで1分〜1分30秒チン！丸のみしないよう注意！

食べるときは
耐熱皿に入れてラップをし、電子レンジで1分〜1分30秒チン！

!小麦
つるりんワンタン

トマト入りの肉だねは、じゅわっとジューシー！

材料（4食分）
トマト……中⅓個（40g）
にら……2〜3本（10g）
豚赤身ひき肉……大さじ5⅓（80g）
ワンタンの皮……20枚
ごま油…………大さじ½

作り方
1. トマトは湯むきしてタネをとり5mm角に、にらは根元を切り落として5mm幅に切る。ボウルにトマト、にら、豚ひき肉を入れ、よく混ぜる。
2. ワンタンの皮の縁を水でぬらし、1を等分にのせて三角にたたむ。
3. 鍋にたっぷりの湯を沸かし、2を1つずつ入れて皮が透明になったら引き上げ、ごま油をまぶす。
4. バットの上に重ならないように並べ、ラップをかけて、あら熱がとれたら冷凍し、凍ったら4等分してフリーザーバッグに1食分ずつ入れる。

手づかみ

かじきまぐろの青のり風味揚げ

やわらかなかじきをスティック状に。揚げものデビューにぴったりの一品です。

材料（4食分）
かじきまぐろ……1切れ（80g）
みりん…………小さじ1
A[片栗粉…大さじ1⅓、青のり…小さじ1]
サラダ油………適量

作り方
1. かじきまぐろは5cm長さ、1cm角の棒状に切り、みりんをからめて混ぜ合わせたAをまぶす。
2. フライパンの深さ1cmくらいまで油を入れて170℃に熱し、1を入れて1〜2分ほど揚げる。
3. あら熱がとれたら、4等分して1食分ずつラップに包んで冷凍する。

手づかみ

食べるときは
ラップをしたまま耐熱皿にのせて電子レンジで30秒〜1分チン！

Column

離乳食を卒業したら、幼児食へ

歯ぐきでしっかり食べ物をつぶして食べられるようになったら、そろそろ離乳食はゴール間近。
そのあとは5歳ころまで、大人とほとんど同じものをかたさや量、味つけだけ調整して食べる幼児食の期間です。
食への興味がさらに広がっていきます。

幼児食どんな注意を？

塩分・糖分控えめなうす味でかみごたえのある食材もとり入れて

かむ力も内臓の機能も発達途上な子どもたち。幼児食に移行しても、離乳食に引き続き、塩分＆糖分控えめが基本です。大人の食事もうす味にして、家族でヘルシーな食生活を心がけたいですね。

また、奥歯が生えはじめ、食べ物をすりつぶして食べることができるようになるころです。口の動きを見て、よくかんでいるかをチェックしてください。根菜類や切り干し大根など、かみごたえのある食材も積極的に献立にとり入れ、かむ力を育てましょう。大人向けの食材と思われがちな乾物類も、子どもたちは問題なく食べてくれます。「子どもだから」と思いこまずに、いろんな食材と出会わせてあげることが、将来自らバランスのよい食生活を送る手助けになるでしょう。

幼児食どんな食具を？

スプーン、フォーク、箸…食べるときに使う道具は成長に合わせて

幼児食に移行していくころは、食べられる食材の幅が広がるだけではなく、「手づかみ食べ」から、スプーン、そしてフォークへと、食べるときに使う道具も変わっていきます。

子どもたちにとっては、自分で「できること」が楽しく、やってみたい気持ちが大きくなるときです。フォークで刺せるようになったら、野菜などは少し平べったく切ったり、うどんも離乳食のときのように、細かく切らずに10cmくらいの長さに切ったりすると、上手にフォークが使えるようになります。すると、今度は大人と同じようにお箸が使いたくなるのです。じょうずに食器を使えたら、褒めてあげるといいでしょう。

食卓でのこんな変化は、子どもたちの「体と心」の成長を端的に物語るものです。食卓をいっしょに囲んで、お子さんの成長を楽しんでください。

Part 3

\ 完成形 /
おやつ
フリージング離乳食

赤ちゃんにとってのおやつは、3度の離乳食でとりきれない
栄養を補う1回の食事と考えて用意しましょう。
手づかみできるおやつもたくさんご紹介します。
「自分で食べたい」気持ちも育てる
やさしい甘みのおやつです。

\完成形/
おやつ
フリージング離乳食の
いいところ

"完成形"おやつってどんなもの？

"完成形"おやつフリージング離乳食は、3回の離乳食だけではとりきれないエネルギー源や、9ヵ月ごろから不足しがちな鉄分などを補う軽食レシピ。昼食と夕食の間に食べるおやつは、炭水化物を中心にした食事に近いものがおすすめです。"完成形"ですから、解凍したらそのまま食べられるように調理してから、冷凍します。4回分をまとめて作り、冷凍庫でストックします。

赤ちゃんにとってのおやつは栄養を補う"第4の食事"です

1歳を過ぎると、必要な栄養のほとんどを離乳食からとるようになります。ただ、赤ちゃんの胃はまだ小さくて、一度にたくさんの量を食べることができません。そこで、たりない栄養を、おやつ（補食）で補います。9ヵ月以降は「おやつ準備期」として、午後におなかがすくようなら、軽いおやつをあげてください。ただし、ほしがらなければ、無理に食べさせる必要はありません。

1歳ごろが本格的なスタートの時期ですが、赤ちゃんの食欲には、かなりの個人差があります。また、おやつで栄養補給が必要な子もいれば、3食でしっかり食べておやつを必要としない子もいます。おやつを食べすぎて、食事の時間におなかがすかないということのないように、量などに注意をはらっていきましょう。

> 昼食と夕食の間におやつタイムを。1歳以降の赤ちゃんで、午前中、お昼までもたない場合は、午前中にもう1回プラスしても。

7:00　12:00　15:00　18:00

おやつフリージングの注意点
形状に合わせた方法で1回分ずつ冷凍して

ここでご紹介する「完成形おやつ」は、手づかみで食べやすいものが中心です。手づかみ食べメニューは、1回分ずつラップで包み、フリーザーバッグに入れて冷凍し、解凍時はそのままラップごと耐熱皿にのせて電子レンジで加熱します。それ以外のメニューは電子レンジOKのふたつき密閉容器を使用します。ただし、冷凍・加熱方法が異なるレシピもあります。各レシピの作り方と「食べるときは」をご確認ください。

加熱時間はレシピによって異なります。電子レンジの機種によっても温まり方が違うので、目安時間を参考に、ようすを見ながら調節し、完全に加熱できたことを確認してください。

※フリージング離乳食のお約束（P10〜13）もご参照ください。

Part 3 おやつ

いいところ1
手作りおやつがサッ！と用意できます

　市販のベビーフードでも、たくさんのおやつが販売されていますが、やっぱり手作りの安心感は格別。「おやつ」といっても、難しい手順や特別な材料はいっさいなし！　キッチンにあるいつもの材料で、パパッと作れます。
　レンジでチンして、すぐ出せる。それが「完成形おやつ」の大きな魅力です。

いいところ2
手づかみ食べの練習にもぴったり！

　簡単な一品だけのおやつは、赤ちゃんが食べることに集中しやすいので、手づかみ食べの練習にもおすすめです。
　家族の食事の準備がないおやつの時間なら、ママも余裕をもって赤ちゃんを見守ることができますね。手づかみおやつ、ぜひトライしてみてください。

いいところ3
エネルギー源がしっかりとれるから朝食にもGood！

　「完成形おやつ」では、パンやじゃがいも、おにぎりなど、炭水化物がきちんととれるメニューをご紹介します。
　おやつだからといって、午後に限らず、午前中のエネルギー源として、朝食の一品に組みこむのもおすすめです。

⚠️ **丸のみに注意！
ママは隣で見守って**

　赤ちゃんが手づかみをして、ひとりで食べられるからといって、赤ちゃんを見守らないのはNG。乳幼児の気道は1㎝以下なので、1㎝より大きい食べ物は、丸のみして気道を詰まらせる危険が伴います。特に球状のものは、どんどん口に詰めてしまう子もいるので、口の中に詰めこみすぎていないか、よくかんで食べているか近くで見守り、「おいしいね」などと声をかけて楽しい時間を演出しましょう。
　また、手づかみ食べの時期は、赤ちゃんが歯ぐきでかみつぶすことができるかたさのものを与え、ゆっくり咀しゃくしていることを確認しましょう。

9～11ヵ月ごろ

トーストやお焼きなどは、ぎゅっと握ってもつぶれにくく、この時期の手づかみ食べの練習にぴったり。奥歯が生えはじめる12ヵ月ごろまでは、歯ぐきで咀しゃくできるやわらかさのものを与えましょう。

加熱時間の目安

特別に表記があるメニュー以外は、すべて電子レンジで30秒～1分加熱します。冷たい部分が残っているようなら、ようすを見ながら再加熱を。

食べるときは
ラップをしたまま耐熱皿にのせて電子レンジで30秒～1分チン！

／手づかみ＼

食べるときは
ラップをしたまま耐熱皿にのせて電子レンジで30秒～1分チン！2cm角くらいの大きさにちぎって与える。

／手づかみ＼

！小麦　牛乳　卵

キャロット蒸しパン

赤ちゃんが大好きな蒸しパンの中に、すりおろしにんじんがかくれんぼ♪

材料（直径6cmのシリコンカップ8個分）
- ホットケーキミックス …… ¾カップ弱（80g）
- にんじんのすりおろし …… 大さじ4（60g）
- 牛乳 …… 大さじ4
- バター …… 少々

×4

作り方

1. ボウルに牛乳、にんじんを混ぜ合わせ、ホットケーキミックスを加えて混ぜる。
2. 内側にバターを薄く塗ったシリコンカップに等分に入れ（型の六～七分目くらいまで）、ようすを見ながら電子レンジで2～3分加熱する。竹串を刺して生地がついてこなければOK。
3. あら熱がとれたらカップからはずし、1つずつラップで包み、冷凍する。

じゃがいものチヂミ

表面はカリッと、中はもちもち！ビタミン類が豊富なにらもたっぷり入れて。

材料（4回分）
- じゃがいも …… 中1⅔個（200g）
- にら …… 4本（16g）
- ごま油 …… 大さじ½

×4

作り方

1. じゃがいもは皮をむいてすりおろし、ざるに上げて軽く汁をきる。にらは1cm幅に切り、じゃがいもと混ぜ合わせる。
2. フライパンにごま油を中火で熱し、1のたねを4等分して丸く落とし、両面がうすいキツネ色になるまで焼く。
3. あら熱がとれたら2cm角に切り、1枚分ずつラップで包み、冷凍する。

Part 3　9〜11ヵ月ごろ　おやつ

| 手づかみ |

!小麦　牛乳
小松菜チーズトースト

さっくりトーストに、カルシウムが豊富な小松菜とチーズをトッピング！

材料（4回分）
- サンドイッチ用食パン …………… 4枚
- 小松菜の葉… 4枚（20g）
- ピザ用チーズ ………… 大さじ2½

×4

作り方
1. 小松菜は熱湯でゆでて水にとり、水けをしぼって粗みじんに切る。
2. パンに1を等分にのせ、チーズも等分に広げてのせ、1枚ずつラップに包んで冷凍する。

食べるときは
予熱したオーブントースターで、チーズが溶け、パンがカリッとするまで4分ほど焼き、8等分に切る。

| 手づかみ |

!小麦　卵
そうめんお好み焼き

そうめんと具材を卵でまとめてこんがり焼いたら、焼き目の模様も楽しい手づかみおやつになりました。

材料（4回分）
- そうめん…… ⅖束（40g）
- キャベツ…… ⅔枚（40g）
- しらす干し ……… 大さじ4（20g）
- 卵 ………………………… 1個
- サラダ油……… 大さじ½

×4

作り方
1. キャベツはゆでて芯を除き、2cm長さの細切りにする。同じ湯でそうめんをゆでて、2cm長さに切る。しらす干しは熱湯に5分つけて塩ぬきする。
2. ボウルに1、卵を混ぜ合わせる。
3. フライパンにサラダ油を中火で熱し、2のたねを4等分して丸く広げ、両面がうすいキツネ色になるまで焼く。
4. あら熱がとれたら2cm角くらいに切り、1枚分ずつラップに包み、冷凍する。

食べるときは
ラップをしたまま耐熱皿にのせて電子レンジで30秒〜1分チン！

73

食べるときは
ラップをしたまま耐熱皿にのせて電子レンジで30秒〜1分チン！ 丸のみしないよう注意！

⚠ 小麦 牛乳
麩のオレンジソテー

麩をオレンジジュースでもどして、バターでソテー。
常備食材でパパッと作りおきできるのも魅力です。

材料（4回分）
- 小町麩……………… 16個
- オレンジジュース（果汁100%）……………… ½カップ
- バター……………… 10g

×4

作り方
1. 麩はオレンジジュースにつけてもどし、水分をすべて吸わせる。
2. フライパンにバターを中火で熱し、1を両面がキツネ色になるまで焼く。
3. あら熱がとれたら4個ずつラップに包み、冷凍する。

｜手づかみ｜

⚠ 小麦 牛乳
きな粉ロールサンド

香ばしいきな粉バターを塗って、くるくる。
解凍時に開きやすいよう、キャンディ状に包みます。

材料（4回分）
- サンドイッチ用食パン ……………… 4枚
- A［バター…10g、きな粉…小さじ1］

×4

作り方
1. Aのバターは室温に戻して、きな粉と混ぜ合わせる。
2. パンの片面に1を等分に塗り、手前から巻いてそれぞれラップでキャンディ状に包み、冷凍する。

｜手づかみ｜

食べるときは
ラップをしたまま耐熱皿にのせて電子レンジで30秒〜1分チン！ 加熱後1cm幅に切る。丸のみしないよう注意！

れんこんのいそべ焼き

すりおろしたれんこんは、もちっとした粘りが特徴！
のりの豊かな香りと、れんこんの甘みがよく合います。

材料（4回分）
れんこん………大1節（200g）
焼きのり………全型1枚
ごま油…………大さじ½

×4

作り方
1 れんこんは皮をむいてすりおろし、水分が多いようだったらざるに上げて軽く汁けをきり、4等分したのりの片面に塗り広げる。

2 フライパンにごま油を中火で熱し、1をれんこんの面から焼き、固まって焼き色がついたらひっくり返してさらに1分焼く。

3 あら熱がとれたら2cm四方に切り、1枚分ずつラップに包み、冷凍する。

> **食べるときは**
> ラップをしたまま耐熱皿にのせて電子レンジで30秒〜1分チン！ のどに詰まらせないよう注意！

手づかみ

Part 3
9〜11ヵ月ごろ
おやつ

ひじきとクリームコーンのお焼き

ポロポロこぼれないから、手づかみ食べを始めたばかりの赤ちゃんにも食べやすい。

材料（4回分）
ご飯………………80g
乾燥ひじき
　………大さじ½（1.5g）
クリームコーン缶
　……小⅓缶弱（約60g）
万能ねぎ………½本（2g）
サラダ油………大さじ½

×4

作り方
1 ひじきは水でもどして水洗いし、熱湯でサッとゆでてざく切りにする。万能ねぎは小口切りにする。

2 ボウルに1、クリームコーン、ご飯を混ぜ合わせる。

3 フライパンにサラダ油を中火で熱し、2をスプーンで2cm角くらいのひと口大に落とし、両面こんがりと焼く。

4 あら熱がとれたら、4等分して1回分ずつラップに包み、冷凍する。

> **食べるときは**
> ラップをしたまま耐熱皿にのせて電子レンジで30秒〜1分チン！ 丸のみしないよう注意！

手づかみ

75

12〜18ヵ月ごろ

野菜やくだものの自然な甘さを引き出した、「おやつの楽しさ」も感じられるラインナップ。手づかみ食べのメニューは、容器に入れて持ち運びもしやすいので、お外でのおやつタイムにも◎！

加熱時間の目安

メニューによって解凍時間が異なります。それぞれの写真に添えてある電子レンジ加熱の時間を目安にして。

\ 手づかみ /

食べるときは
ラップをしたまま耐熱皿にのせて電子レンジで1分〜1分30秒チン！ 温まったら6〜8等分の食べやすい大きさに切る。

\ 手づかみ /

食べるときは
ラップをしたまま耐熱皿にのせて電子レンジで30秒〜1分チン！ 丸のみしないよう注意！

! 牛乳 小麦 卵

バナナヨーグルトパンケーキ

ヨーグルト入りの生地はしっとりやわらか。
ほのかな酸味とバナナの香りがおいしいおやつです。

材料（直径12cm 4枚分）

- ホットケーキミックス …… 1カップ弱（100g）
- バナナ…… 小1本（80g）
- プレーンヨーグルト（無糖）…… 1カップ（210g）
- バター…………… 10g

×4

作り方

1. ボウルにバナナを入れて粗くつぶし、ヨーグルトと混ぜ合わせ、ホットケーキミックスも加え、よく混ぜ合わせる。
2. フライパンにバターを弱火で熱し、1を4等分に広げて両面をキツネ色になるまで焼く。
3. あら熱がとれたら1枚ずつラップに包み、冷凍する。

! 牛乳

さつまいもとりんごの ひと口スイートポテト

コロコロのボール状がかわいいひと口サイズ。
りんごを加えて、さっぱり軽い口あたりに。

材料（4回分）

- さつまいも …… 小1本（120g）
- りんご……… 1/4個（60g）
- 牛乳………… 小さじ2

作り方

1. りんごは芯を除き、皮ごとラップに包んで耐熱皿にのせ、電子レンジで1分〜1分30秒加熱して皮をむき、5mm角に切る。
2. さつまいもは皮をむいて1cm厚さに切り、水にさらしてからやわらかくなるまでゆでて取り出し、つぶす。
3. 1と2を混ぜ合わせ、牛乳を少しずつ加えながら調節して混ぜ合わせ、16等分して直径3cmくらいにまるめる。
4. 4個ずつラップに包み、冷凍する。

×4

!牛乳
桃とキウイのチーズ焼き

加熱して甘みを増したフルーツにとろ～りチーズがからみます。桃をバナナや柿にかえてもおいしい。

材料（4回分）

- 白桃缶（2つ割り）……… 2切れ（120g）
- キウイ ……… 1個（80g）
- ピザ用チーズ ……… 大さじ2½

×4

作り方

1. 桃はサッと水洗いして水をふき、5mm厚さに切ってから3～4等分に切る。キウイは皮をむいて5mm厚さのいちょう切りにする。
2. 1を合わせて4つの密閉容器に分けて入れ、ピザ用チーズを等分にのせて冷凍する。

> 食べるときは
> ふたかラップをして電子レンジで2分～2分30秒チン！

Part 3
12～18ヵ月ごろ
おやつ

\手づかみ/

!小麦 卵 牛乳
豆乳フレンチトースト

食パンに、まろやかな豆乳をたっぷり閉じこめて。少しオレンジジュースを入れるとさっぱりした味に。

材料（4回分）

- 食パン（8枚切り）……… 2枚
- A［卵…1個、砂糖…小さじ2、豆乳（無調整）…½カップ］
- バター ……… 10g

×4

作り方

1. 食パンは耳をとらずに半分に切り、混ぜ合わせたAにつけて、卵液をすべて吸わせる。
2. フライパンにバターを弱火で熱し、1を並べて両面焼き色がつくまで焼く。
3. あら熱がとれたら1つずつラップに包み、冷凍する。

> 食べるときは
> ラップをしたまま耐熱皿にのせて電子レンジで30秒～1分チン！ 温まったら4～5等分くらい（1.5～2cm幅）に切る。

77

> 食べるときは
> ラップをしたまま耐熱皿にのせて電子レンジで30秒〜1分チン！ 丸のみしないよう注意！

／手づかみ＼

> 食べるときは
> ふたかラップをして電子レンジで1分〜1分30秒チン！

甘辛ポテトもち

甘じょっぱいたれをからめた、和のおやつ。
もっちり食感で、しっかりかむ練習にぴったり。

材料（4回分）

じゃがいも
　………小2個（200g）
A［片栗粉…小さじ4、
　水…小さじ2］
B［しょうゆ…小さじ1、
　砂糖…小さじ2、
　水…小さじ4］
サラダ油………大さじ½

作り方

1 じゃがいもは皮ごと水でぬらし、ラップに包んで電子レンジで約3分加熱し、ひっくり返してさらに2分加熱して皮をむく。

2 ボウルに1を入れてつぶし、Aを加えて混ぜ合わせ、16等分にして直径3〜4cmくらいの平たい円形に成形する。

3 フライパンにサラダ油を中火で熱し、2を並べて両面うすい焼き色がつくまで焼き、混ぜ合わせたBを加えて煮からめる。

4 あら熱がとれたら4個ずつラップに包み、冷凍する。

×4

!小麦 えび 牛乳
えびチーズマカロニ

ねじねじのフジッリは、この時期の赤ちゃんが
前歯でひと口大にかみ切るのにちょうどいい大きさです。

材料（4回分）

フジッリ（ショートパスタ）
　………2カップ（120g）
桜えび……大さじ4（8g）
クリームチーズ
　……個包装2個（40g）

×4

作り方

1 フジッリは袋の表示どおりにゆで、桜えびはみじん切りにする。

2 1とクリームチーズを混ぜ合わせる。

3 4つの密閉容器に2を分けて入れ、冷凍する。

食べるときは
ラップをしたまま耐熱皿にのせて電子レンジで30秒〜1分チン！

|手づかみ|

|手づかみ|

食べるときは
耐熱皿にのせてラップをして、電子レンジで30秒〜1分チン！

Part 3
12〜18ヵ月ごろ
おやつ

さけのりおにぎり

サーモンピンク×グリーンのコントラストがきれいな、赤ちゃんサイズのミニおにぎり。

材料（4回分）
ご飯……………………200g
生さけ……½切れ（40g）
青のり…………小さじ1

作り方
1. さけはゆでて皮と骨を除き、ほぐす。
2. 1、青のり、ご飯をさっくり混ぜ、16等分の三角形ににぎる。
3. 4つずつラップに包み冷凍する。

×4

⚠小麦
かぼちゃとレーズンのラビオリ風

なめらかなかぼちゃペーストに、鉄分豊富なレーズンを加えて。ワンタンの皮で作るアイデアおやつ。

材料（4回分）
かぼちゃ………………80g
レーズン……大さじ2（約20g）
ワンタンの皮………16枚

作り方
1. かぼちゃはタネとワタを除いて皮ごと水でぬらしてラップに包み、電子レンジで2分加熱して皮を除く。レーズンは熱湯に2〜3分つけてやわらかくし、かぼちゃと混ぜ合わせる。
2. ワンタンの皮の縁に水をつけ、1を等分にまん中にのせて三角にたたむ。
3. 沸騰した湯に2を入れて皮が透きとおったら水にとる。
4. ラップを敷いたバットに1つずつ離して並べて上にラップをかけ、冷凍する。凍ったら4つずつフリーザーバッグへ。

×4

著者 中村陽子（料理研究家）

「家族を幸せにしてくれるごはん」をモットーに、おいしくて作りやすいメニューで雑誌を中心に活躍中。女の子と男の子、2人のママでもあり、自身の経験から数々の離乳食レシピを考案。"完成形"フリージング離乳食も、2人の子育て経験から生まれ、育ったもの。赤ちゃんの成長に合わせた栄養や食べやすさはもちろん、パパッと作れる手軽さも多くのママに人気。ブログでは子どもと楽しむ料理のアイデア、子育て日記などを紹介。
料理研究家 中村陽子のしあわせごはん http://yokooda121.exblog.jp/

監修 小野友紀（聖徳大学短期大学部 保育科 講師）

都内の保育所で管理栄養士として19年勤務。その間、一度退職し、アメリカ、カリフォルニア州で幼児教育を学び、5年ほどハワイ州で保育関連の仕事に従事。平成25年より現職。研究テーマは「子どもの食と栄養」。著書に『授乳・離乳の支援ガイドにそった離乳食』（芽ばえ社）がある。

Staff

カバー・表紙デザイン	大薮胤美（フレーズ）
本文デザイン	石川亜紀（フレーズ）
撮影	向村春樹（株式会社ウィル）
イラスト	松木祐子　工藤亜沙子
校正	河野久美子、株式会社ぷれす
編集	浦上藍子
	片岡弘子　赤星智子（株式会社ウィル）
	佐藤加世子（株式会社赤ちゃんとママ社）

ワンボウル＆おかず "完成形" フリージング離乳食

2015年4月4日　初版第1刷発行

著　者　中村陽子
発行人　小山朝史
発行所　株式会社 赤ちゃんとママ社
　　　　〒160-0003　東京都新宿区本塩町23番地
　　　　電話：03-5367-6592（販売）　03-5367-6595（編集）
　　　　振替：00160-8-43882
　　　　http://www.akamama.co.jp

印刷・製本　シナノ書籍印刷株式会社

乱丁・落丁本はお取り替えいたします。無断転載・複写を禁じます。

© Yoko Nakamura 2015. Printed in Japan
ISBN978-4-87014-105-6